AF284294

ZWILLINGE
das Magazin

Das Mitmach-Magazin für Zwillings- & Drillingseltern

Band 32
Mai/Juni 2018

© Marion von Gratkowski
Postfach 40 11 11
D-86890 Landsberg
Tel. 0049-(0)8344-809 95 39
info@twins.de
www.twins.de
Redaktion: Marion von Gratkowski
Titelfoto: Emil & Sören P.
Fotos & Texte: Privat
Herstellung & Verlag: BoD - Books on
Demand, Norderstedt
1. Auflage Mai 2018
ISBN 978-3-7528-5015-4

ZWILLINGE - DAS MAGAZIN Ausgabe Mai/Juni 2018 Nr. 32: 7,99 €, auch als E-Book für 5,99 €. ISBN 978-3-7528-5015-4

Bestellbar auf www.twins.de oder im Buchhandel - online & Laden.

Liebe Leserin, lieber Leser,
liebe Zwillingseltern, liebe Drillingseltern,

heute gibt es eine schöne Neuigkeit zu berichten. Ich werde Oma! Nein, nein, nicht vom Alter her, obwohl das auch stimmt ... Nein, ich werde eine richtige Oma. Mit einem richtigen Enkel. Meine Schwiegertochter Stephanie und Maximilian, mein Zwillingssohn, erwarten ihr erstes Kind. Leider keine Zwillinge ... das hätte mir ja zu gut gefallen. Laut darf ich das aber nicht sagen, denn wer wünscht seinen Kindern schon den Stress mit zwei Babys?

Constantin (von links), Nicolai, Maximilian und Marion von Gratkowski

Sag bloß nix, Oma!

Also, ich bin auch mit einem Enkel zufrieden. So kann ich meiner Schwiegertochter nicht mit guten und gut gemeinten Experten-Ratschlägen auf die Nerven gehen. Oberste Großmutter-Pflicht scheint übrigens das Schweigen zu sein - hat mir meine Freundin Marion, ebenfalls Zwillingsmutter und bereits Oma, erklärt. Ich hatte sie gefragt: „Was ist das Wichtigste, wenn man Oma wird?"
Sie antwortete: „Nichts sagen." Aha.
Wie war das bei Euch? Habt Ihr Euch über Hilfe gefreut, als Ihr mit Zwillingen schwanger ward? Oder habt Ihr es eher als Einmischung empfunden?

Warten wir's ab ...

Da mein Enkel in Hamburg geboren wird und ich in Bayern lebe, werde ich nicht allzu viel Zeit haben, mich einzumischen. Warten wir's ab, wie sich die Dinge entwickeln. Ich freue mich jedenfalls und denke ein bisschen an die Zeit zurück, als ich mit meinen Kinder schwanger war ...

Welche Themen beschäftigen uns in diesem Heft?

In unserer Mai/Juni-Ausgabe von ZWILLINGE - DAS MAGAZIN lesen Sie auf Seite 11 etwas zum Thema Heimmonitor, ums Stillen geht es wieder einmal auf Seite 12, wie lernen Zwillinge Zähneputzen? - dazu machen wir uns ab Seite 16 Gedanken, ab Seite 26 geht's um Sandkasten & Wassergewöhnung, um etwas ältere Zwillinge geht's ab Seite 49, um Logopädie ab Seite 52 und ab Seite 46 schimpfen wir mal auf zu viel Ehrlichkeit im Internet.

Viel Spaß beim Lesen - Ihre/Eure Marion von Gratkowski

ZWILLINGE - DAS MAGAZIN Nr. 33: Was ist darin geplant?

Zu folgenden Bereichen/Themen suchen wir noch Beiträge:

- Schwangerschaft & Geburt
- Kaiserschnitt
- Stillen/Fläschchen füttern
- Schlaflose Nächte
- Umstellung auf feste Kost (Brei)
- Frühlingsideen - Basteln, Beschäftigung, Draußen & Drinnen

- Streit, Konkurrenz, enge Verbindung
- Kindergartenstart
- Schule - Trennung oder nicht?
- Urlaubsideen für den kommenden Sommer
- Rezepte für das Backen & Kochen mit Zwillingen

Wie Sie Ihre Beiträge schicken können, steht auf Seite 14.

Was finde ich jetzt wo, wenn es hier nicht mehr steht?

- Termine & Veranstaltungen finden Sie ab sofort auf unserer Internetseite www.twins.de
- Eine Übersicht über unser komplettes Buchprogramm finden Sie ebenfalls auf unserer Homepage unter www.twins.de
- Auch all die Hefte der bisherigen Zeitschrift, die man sich noch bestellen kann, sind unter www.twins.de zu finden.
- Neuerungen werden auch auf Facebook auf unserer Seite „zeitschrift zwillinge" oder im Blog www.zwillingemachenkriegenhaben.de bekannt gegeben.

Es lohnt sich also immer, auch einmal einen Blick auf unsere Homepage zu werfen oder einfach den newsletter auf www.twins.de zu abonnieren, da wir Sie dann immer einmal wieder mit unseren Neuerungen bekannt machen.

BEZUGSBEDINGUNGEN

- ZWILLINGE - DAS MAGAZIN löst unsere bisherige Zeitschrift ZWILLINGE ab.
- Erscheinungsweise: zweimonatlich.
- Erscheinungstermine sind: 30. Juli 2018, 24. September 2018, 26. November 2018, 28. Januar, 25. März und 27. Mai 2019 (unter Vorbehalt) usw.
- Das Magazin kann einzeln oder im Abonnement bezogen werden.
- Einzelhefte kosten 7,99 Euro plus Porto 1,- Euro.
- Abonnements kosten 54,- € befristet auf 1 Jahr; 52,- € fortlaufend bis zur Kündigung eines Tages.
- Abonnements gelten fortlaufend und mindestens 1 Jahr = 6 Hefte.
- Die Kündigung muss schriftlich erfolgen per E-mail an info@twins. de oder per Brief (KEIN Einschreiben!!!) an unsere Adresse:
- ZWILLINGE, Postfach 40 11 11,

D-86890 Landsberg am Lech.
- Unser Fax: 0049-(0)8344-809 95 40.
- Einzelhefte und Abonnements müssen vorausbezahlt werden.
- Unsere Bankverbindung: Hypovereinsbank Landsberg, Lutz von Gratkowski, IBAN: DE77 7202 0070 6110 3155 60, SWIFT-BIC: HYVEDEMM408
- Zahlung per Paypal geht in Verbindung mit unserer E-mail-Adresse. ABER: **Bitte Gebühren zu Ihren Lasten!**
- Alle Rechte für den Inhalt liegen bei Marion von Gratkowski, Verlag von Gratkowski, Postfach 40 11 11, D-86890 Landsberg.
- Unsere Internetpräsenz: www.twins. de, E-mail: info@twins.de
- Etwas unklar? Rufen Sie mich bitte an: Tel. 08344-809 95 39.

Briefe an die Redaktion

Eigentlich wollten wir die Rubrik „Leserbriefe" weglassen. Aber es wäre doch schade, wenn unsere Leserinnen und Leser keinen Beitrag mehr kommentieren dürften. Also - einigen wir uns darauf, nur zwei Seiten (statt bisher vier) zu veröffentlichen.

„In jedem Übel, steckt was Gutes, man muss es nur erkennen ..." schrieb uns Langzeitleserin Katrin. Passt gut zu unserem Beitrag in ZWILLINGE - DAS MAGAZIN Nr. 31 (Zwillingsmama außer Dienst).

... tja und so ging es mir, als ich im Winter einen leichten Hang herunter ging und auf einer vereisten Pfütze unterm Schnee ausrutschte. Dabei habe ich mir die linke Schulter ausgekugelt. Das war sehr schmerzhaft für mich. Sie wurde unter einer kurzen Narkose im Krankenhaus wieder eingerenkt. Doch nun war ich gehandicapt. Die einfachsten Bewegungen waren unmöglich und mein Mann meinte, nach einem Tag zu Hause bleiben, er könnte morgen wieder in die Arbeit gehen, ich würde das schon schaffen.

Katrin kann schon wieder ... doch nach der Schulterverletzung war Pause.

Wie bitte? Ich glaub, ich hör nicht richtig. Gott sei Dank, bekehrte ihn meine Hausärztin, dass er eine Woche auf jeden Fall zu Hause bleiben musste und es könnte auch noch eine zweite werden. Je nach Heilungsprozess. Das durfte er jetzt erstmal fressen.

Seitdem sagt er nichts mehr - über den Alltag einer Hausfrau mit vier Kindern!!! Vom Frühstück bis zum Abendessen, war er auf sich gestellt. Ich konnte Tipps geben. Aber ich sollte mich schonen! Und genau das habe ich gemacht.

Meine Kinder haben auch eine wichtige Lektion gelernt: Wäsche wird nur gewaschen, wenn sie umgedreht ist. Jahrelang habe ich die Wäscheteile der Kinder vorm Waschen umgedreht und nun konnte ich diese Bewegung einhändig nicht mehr tun. Es war ein Genuss, nur die Wäsche zu sortieren und dann in die Waschmaschine zu tun. Kaum heilte der Arm, meinten sie, jetzt kann ich sie ja wieder umdrehen. Vergiss es!

Die Wäsche wird weiterhin nur gewaschen, wenn sie umgedreht ist. Wäsche, die nicht umgedreht ist, bleibt liegen, bis der Übeltäter/in runter zur Waschmaschine kommt und sie selber umdreht. Hahaha! Seitdem

drehen sie gleich die Wäsche gleich um und tun sie dann in den Wäschekorb.
Und was ist die Moral von der Geschicht´: dreh´ die Wäsche um, sonst wasch´ ich sie Dir nicht. Lieben Gruß von Katrin

Lob bekommt ZWILLINGE - DAS MAGAZIN (oder früher: die Zeitschrift ZWILLINGE) eher selten (siehe „Zu guter letzt" vom letzten Heft). Diesmal allerdings hat Zwillingsmutter Christina aus München ein paar nette Zeilen geschickt. Danke!
Ihr Magazin gibt mir wahnsinnig viel ;-)
Ein Magazin nur für „uns" Zwillingsmamas (und natürlich meine wahren Heldinnen die Drillingsmamas ;-) Es gibt mir immer wieder viele Facetten von Emotionen, wenn ich das Magazin durchlese ... Angefangen von Mut ... Kraft ... ich bin berührt ... ich muss viel schmunzeln ... einfach mal alles ...
Vielen Dank, dass es Sie und das Magazin gibt ... Christina H. - glückliche Zwillingsmami von Ella und Hugo ;-)

Das Buch der Logopädin Bärbel Koch (siehe hier auf Seite 53) könnte auch Emil und mehr noch Sören helfen. Die beiden sind diesmal auf unserem Titel zu sehen.
Ich sitze gerade bei der Ergotherapie und Logopädie mit meinen Zwillingen Emil und Sören und hab´ gerade die Zeit genutzt, um in der neuen Zeitung zu lesen. Unsere Jungs haben im Bereich Sprache auch Probleme, deshalb bekommen sie da ihre Therapien und deshalb habe ich den Beitrag über das neue Buch zum Thema „Logopädie" gelesen. Sören hat mehr Probleme als Emil. Bei Sören haben wir ja auch schon die Rachenmandeln rausnehmen lassen. Davon hatte ich mir echt mehr erwartet - also, dass er besser hört und dann auch besser spricht.
Jetzt habe ich mir einen Termin für eine zweite Meinung bei einen anderen HNO-Arzt geben lassen - für beide. Ich bin gespannt, was dabei raus kommt.
Meine Zwillinge bekommen ja Frühförderung, Ergo, Logo - eben das volle Programm. Und im Kindergarten steht schon fest, dass Sören bei der Einschulung zurück gestellt werden muss und Emil eventuell nicht. Aber ich habe ja schon vor, dass beide im selben Jahr eingeschult werden. Auch aus diesem Grund hätte ich Interesse an diesem Buch - vielleicht hilft es uns weiter. Franziska P.

Das sagt die Redaktion dazu: Gerne schicke ich Ihnen das Buch zu. Bärbel Koch schreibt auch hier - ab Seite 52 etwas zum Thema „Sprechen lernen".

Die Mama von Ella und Hugo, Christina, freut sich über jede Ausgabe ZWILLINGE - DAS MAGAZIN. Da gibt es so viel zum Schmunzeln und gerade das macht Mut im Umgang mit Zwillingen.

Twins in Amerika: Professionell, freundlich & hilfsbereit

Blicken wir einmal über den „großen Teich" nach Amerika. Zwillingsmuttter Britta hatte es dorthin verschlagen, als ihr Mann ein Jahr an der Yale University einen zusätzlichen Abschluss machte. Vorzeitige Wehen und die Gefahr eines Transfusionssyndroms machten die Schwangerschaft schwierig.

Einen Teil der Schwangerschaft und die Geburt meiner beiden Söhne Samuel Johannes und Christoph Aaron habe ich in den USA erlebt. Darüber möchte ich Euch heute berichten.

Mögliches Transfusionssyndrom macht Sorgen

Schon vor der Schwangerschaft stand fest, dass mein Mann für ein Jahr nach USA gehen wird. Er machte dort einen juristischen Abschluss an der Yale University in Connecticut. Und es stand auch fest, dass ich ihn begleiten würde. Und als ich in der 23. Schwangerschaftswoche war, flogen wir ab.

Zuvor machten mich meine Ärzte hier in Deutschland auf das Fetofetale Transfusionssyndrom aufmerksam, das bei dieser Art von Schwangerschaft auftreten kann. Samuel und Christoph teilten sich eine Plazenta, die durch ein dünnes Häutchen getrennt war. Wir waren zunächst sehr verunsichert, da wir nicht wussten, was uns in den USA erwarten würde. Mein Frauenarzt hat uns jedoch sofort und überraschenderweise an einen Ansprechpartner, Professor Copel am Yale New Haven Hospital, verwiesen, den wir noch von

Deutschland aus kontaktierten und ihn auf unsere Situation aufmerksam machten. In den USA angekommen, ließ ich mich sofort in diesem Krankenhaus untersuchen, in dem der besagte Professor der Chef der Frauenklinik war, und so fühlte ich mich schon zu Beginn unseres „Amerika-Abenteuers" sehr gut aufgehoben.

In der 27. Schwangerschaftswoche bekam ich jedoch vorzeitige Wehen und musste für eine Woche stationär ins Krankenhaus. Zwei Tage lang bekam ich Infusionen und anschließend musste ich bis zur Geburt Tabletten (Wehenhemmer) einnehmen und hatte strenge Bettruhe zu wahren.

Werden die Zwillinge zu früh geboren?

Da ich bereits in der 27. Woche (Mitte September) minütlich Kontraktionen hatte und zusätzlich Blutungen, machten mir die Ärzte wenig Hoffnung darauf, dass die Schwangerschaft bis zum vorgesehenen Ende halten würde. Sie klärten mich über die Risiken einer Frühgeburt auf. Das war natürlich ein Schock für uns. Damit hatten wir nicht gerechnet. Mein Mann meinte jedoch so nebenbei, die beiden kämen sicher erst am 14. November auf die Welt.

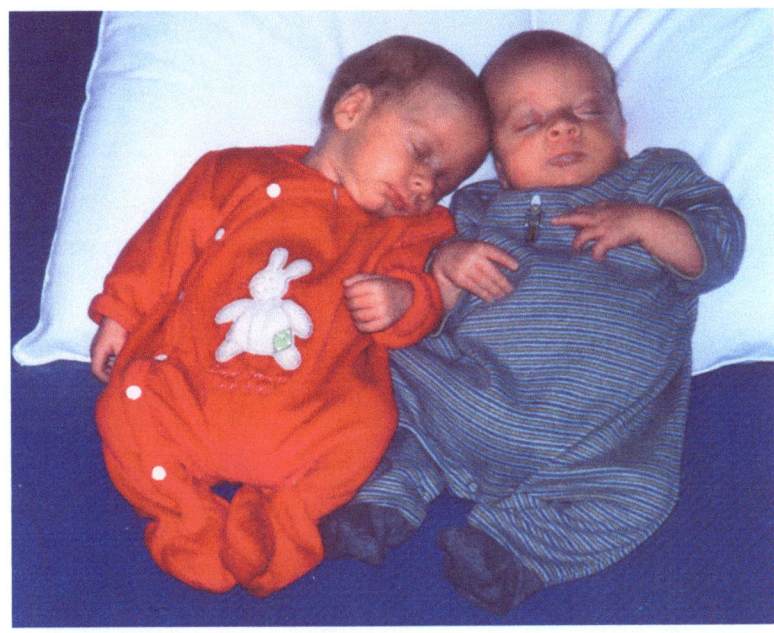

Samuel (links) und Christoph wurden ein bisschen zu früh geboren, haben aber alles überstanden. Sicher hat auch die Professionalität der amerikanischen Ärzte dazu beigetragen.

Das hielt jedoch jeder für übertrieben. Nachdem ich den Ärzten dort im Krankenhaus klarmachte, dass dies meine ersten Kinder wären und meine Eltern aus Deutschland angereist kämen, um mir unter die Arme zu greifen, durfte ich nach einer Woche Krankenhausaufenthalt nach Hause, musste aber einmal wöchentlich zur Untersuchung ins Krankenhaus.

Nach weiteren sieben Wochen Bettruhe begannen die Wehen tatsächlich am 14. November um 18 Uhr und am 15. November um 6.04 und 6.10 Uhr kamen unsere Söhne gesund auf die Welt. Es war die SSW 35+3.

Christoph, der Erstgeborene (2.550 Gramm/47,5 Zentimeter), kam ohne Probleme zur Welt. Samuel (2.175 Gramm/47,5

Unser großes Vorbild: das TWINS MAGAZINE

ZWILLINGE entstand vor 30 Jahren, weil es das amerikanische TWINS MAGAZINE gab. Toll, das brauchen wir in Deutschland auch ... dachte ich. Das amerikanische Magazin speziell für Zwillings- und Drillingseltern ist genauso alt wie meine Zwillinge und es wird heute noch produziert. Hier das aktuelle Titelbild.

Wer leidlich Englisch kann, findet dort interessante Themen, viele Beiträge auch von Zwillingseltern, aber auch von Zwillingsprofis.

Abonnieren kann man es auch von Deutschland aus. Schaut einfach mal unter:

www.twinsmagazine.com

Christoph (links) und Samuel haben ihr amerikanisches Abenteuer sehr gut überstanden und sind mit ihren Eltern wieder nach Deutschland zurück gekehrt.
Hier buddeln sie an der Ostsee.

Zentimeter) machte uns jedoch große Probleme, da seine Herztöne immer schwächer wurden und nur der Professionalität der Ärztin haben wir es wohl zu verdanken, dass er heute am Leben ist. Er hatte die Nabelschnur um den Hals gewickelt und die Ärztin musste ihn innerhalb kürzester Zeit im Bauch drehen und an den Füßen herausziehen. Für einen Kaiserschnitt war keine Zeit mehr.

Samuel machte nach der Geburt erst keinen Mucks ...

Zuerst schrie er nicht und wir bekamen natürlich einen Schreck, aber nach kurzer Zeit gaben die Ärzte Entwarnung.
Nach nur zwei Tagen konnte ich das Krankenhaus bereits verlassen. Nach weiteren zwei Tagen konnten wir Christoph und nochmals drei Tage später Samuel mit nach Hause nehmen.
Trotz dieser Aufregungen habe ich überaus positive Erinnerungen an die Geburt, und die Belegschaft des amerikanischen Krankenhauses wird mir immer in bester Erinnerung bleiben. Sie waren alle ausnahmslos freundlich, hilfsbereit und überaus professionell. Vielen Dank. (Britta G.)

Noch mehr spannende Geschichten

Unser Frühchenbuch hält zahlreiche Geschichten betroffener Kinder und Eltern bereit.
Es kann immer noch im Buchhandel oder bei uns direkt erworben werden.

Karen Franke

Frühchen
winziggroße Wunder

Eltern erinnern sich
an den schweren Start

LG   Verlag von Gratkowski

**ISBN 978-3-927058-08-8,
14,90 Euro**

Keine Angst vorm Monitor

Werden Baby zu früh geboren, so gibt man den Eltern in manchen Fällen einen Heimmonitor mit, der Herzfrequenz und Atmung der Frühchen überwacht. Doch schürt so viel Technik nicht unnötige Ängste? Und was ist mit den Fehlalarmen? Zwillingsmutter Barbara (selbst Ärztin) berichtet über positive Erfahrungen.

Bei Frühgeborenen ist bekanntlich das Risiko eines plötzlichen Kindstodes (SIDS = sudden infant death syndrome) erhöht. Aus diesem Grund werden den Eltern Monitore zur Überwachung von Herz und Atmung der Kinder mit nach Hause gegeben. So auch bei unseren beiden Jungs, Tobias und Florian, die in der 30. Schwangerschaftswoche mit einem Geburtsgewicht von 1.380 und 1.370 Gramm zur Welt gekommen waren.

Wir hatten bisher nur Horrorgeschichten von solchen Überwachungsgeräten gelesen. Fehlalarm auf Fehlalarm - da sei von Nachtruhe gar nicht zu reden. Schon im Krankenhaus wurden Tobias und Florian in den letzten zwei Wochen ihres stationären Aufenthaltes mit dem Heimmonitor überwacht. Da wir die Kinder selbst versorgen durften, wurde uns der Umgang mit den Geräten rasch vertraut. Die Elektroden waren durch ein hautverträgliches Klebegel sehr einfach abzulösen und auch wieder zu befestigen. Das ging relativ problemlos und ohne Tränchen bei den Kindern. Am Tag vor der Entlassung wurden wir von einem Medizintechniker nochmals intensiv in die Gerätebetreuung eingewiesen.

In der nächsten Zeit zu Hause hatten wir dank der guten Einweisung nur sehr wenig Fehlalarme, meistens treten sie durch eine Loslösung der Elektroden zum Beispiel nach dem Eincremen der Haut auf. Bei Florian zeigte sich, dass die Atmungselektrode nicht über die Rippen geklebt werden durfte, er war ein typischer „Bauchatmer", so dass wir darauf achten mussten, die Elektrode unterhalb des Rippenbogens zu befestigen. Wichtig ist sicher auch der tägliche Wechsel der Elektroden.

Wir haben jetzt vier Monate Monitorerfahrung. In den ersten Wochen hatten wir neben gelegentlicher Fehlalarme auch ab und zu „echte" Alarmereignisse zu verzeichnen gehabt, das heißt, die Herzfrequenz der Kinder fiel gelegentlich ab. Ein Phänomen, das sich durch die Unreife des Gehirns erklären lässt. Glücklicherweise mussten wir nie eingreifen.

Auch hier wurden wir hervorragend von der Kinderklinik auf erste Hilfe in Notfallsituationen vorbereitet. Sehr gut fanden wir, dass zu dieser Notfalleinweisung auch Betreuer, wie zum Beispiel Großeltern eingeladen waren, so dass es etwas einfacher ist, „Monitor-Kinder" auch einmal abzugeben.

Seit zwei Monaten haben wir fast keine Fehlalarme und glücklicherweise keine Notfallalarme mehr zu verzeichnen. Die Monitore geben uns das Gefühl der Sicherheit, so dass wir uns mit der Technik gerne vertraut gemacht haben.

Ich möchte allen betroffenen Eltern Mut machen, nicht auf die vielen Negativnachrichten zu hören, die sicher auch aus einer Zeit stammen, in der die Technik noch nicht so ausgereift war. (Barbara M.)

Zwillinge stillen: lasst Euch nicht verunsichern

Das kennt man ja: Bei Zwillingen wollen viele „Experten" mitreden. Und Zwillinge stillen ... das geht ja gar nicht. Dass es doch geht, hat Stefanie bewiesen, die ihre Zwillinge mehr als sechs Monate lang stillen konnte. Ihr Rat: Lasst Euch nicht verunsichern und bereitet Euch gut vor.

Wer versuchen möchte, seine Zwillinge zu stillen, sollte es auf jeden Fall versuchen. Helfen kann Euch dabei, sich so viel wie möglich zu informieren. Das kann allgemeine Fachliteratur zum Stillen sein oder ein spezielles Stillbuch für Zwillinge.

Such Dir gute Kontakte!

Aber auch der Kontakt zu einer Stillgruppe oder zu einer Stillberaterin kann helfen, bei auftretenden Problemen auch schnelle Hilfe zu erfahren.

Lasst Euch auch nicht verunsichern von Negativäußerungen aus Eurer Umgebung, hinsichtlich des Stillens von Mehrlingen, die es leider haufenweise gibt.

Schalt die Ohren auf Durchzug!

Meine Mutter hatte beispielsweise einer Bekannten erzählt, dass ich meine Zwillinge stillen wollte. Diese war selbst Oma von Zwillingen und meinte nur: „Lassen Sie sie mal weiter träumen." Diese Äußerung hat mich sehr geärgert und eigentlich nur noch

Jeder Zwilling hat eine eigene Seite - aber es wird auch abgewechselt, damit jedes Kind den gleichen „Input" bekommt.
Foto: Joelle S.

mehr angestachelt, das Stillen auf jeden Fall zu versuchen.

Sehr gut funktioniert hat meine Stillmethode: 24 Stunden lang hatte jedes Kind seine eigene, ihm allein zugewiesene Brust. Anfangs hatte ich mir die Kombination - welches Kind/welche Brust - so gemerkt, dass ich ein buntes Geschenkband an den Träger der Still-BH-Seite gebunden habe, an dessen Brust Isabelle trank. Nach 24 Stunden wechselten Geschenkband und Isabelle die Brustseite.

Ein Bändchen markiert die richtige Brustseite.

So ging ich erstens sicher, dass egal, ob starker oder schwacher Trinker, die Milchproduktion auf beiden Seiten gleichmäßig angeregt wurde. So war die Milch auf beiden Seiten gleich gut und gleich viel vorhanden. Zweitens wusste ich, dass die Milch in ihrer Zusammensetzung ja nicht nur während der jeweiligen Lebensphase des Kindes, sondern auch während einer Stillmahlzeit variiert. Auf diese Weise trank kein Zwilling dem anderen die durstlöschendere erste Anfangsmilch weg.

Auf der anderen Seite wollte ich aber auch keiner auf Dauer eine eigene Brustseite zuweisen, da ich gelesen hatte, dass sonst die Gehirnhälften in ihrer Entwicklung auch nur einseitig angesprochen werden.

Fläschchen sind dann doch nicht so praktisch ...

Auf diese Weise konnte ich Isabelle und Josephine sechseinhalb Monate lang voll stillen. Als ich dann mit siebeneinhalb Monaten abgestillt hatte und Milchflaschen zubereiten musste, fand ich das unheimlich zeitaufwendig und unpraktisch.

(Stefanie M.)

Gute Information hilft beim Zwillinge stillen

Susanne Wittmair, Zwillingsmutter und Stillberaterin der La Leche Liga hat das erste und wichtigste Buch zum Thema geschrieben:
„Zwillinge stillen - Wege zu einer harmonischen Stillbeziehung"
Seit vielen Jahren hilft es (werdenden) Zwillings- und Drillingsmüttern, sich gut auf die neue Situation und vor allem das Stillen vorzubereiten. Hier werden alle Themen rund um das Stillen behandelt und mit vielen Erfahrungsberichten anderer Eltern vervollständigt. Das Buch gibt es bei uns, unter www.twins.de oder im Buchhandel.

ISBN 978-3-927058-16-3, 19,90 Euro

Ergänzt wird das Standardbuch seit kurzem durch das kombinierte Ratgeber-/Tagebuch zum Thema Stillen von Zwillingen und Drillingen. Unter dem Titel
„So kannst Du Deine Zwillinge und Drillinge stillen"
hat es Inga Sarrazin zusammen mit Co-Autorin Gisela Otto zusammengestellt. Inga gibt Zwillingsvorbereitungskurse in Berlin und hat - natürlich - auch eigene Erfahrungen gesammelt. Sie ist Zwillingsmutter. Und sie ist Fachfrau zum Thema Stillen, denn auch sie hat sich zur Stillberaterin ausbilden lassen.

ISBN 978-3-848231-76-8, 18,99 Euro

ZWILLINGE *das Magazin* - Die Mitmach-Zeitschrift für Zwillings- & Drillingseltern

So können Sie sich mit Beiträgen an ZWILLINGE *das Magazin* beteiligen: In fast 30 Jahren haben wir immer wieder festgestellt, dass die wahren Experten für Zwillings- und Drillingsthemen die Eltern sind. Viele Eltern haben darüber hinaus eine Qualifikation, die sie dazu prädestiniert, ihre Alltagserfahrungen mit anderen zu teilen. Sie sind selbst Erzieher, Lehrer oder Ärzte ... Erzieherinnen, Lehrerinnen oder Ärztinnen. Aber auch, wenn Sie ganz einfach „nur" Zwillings- und Drillingseltern sind - Ihre Erfahrungen, die Sie machen, sind von so unschätzbarem Wert für andere, für neue und werdende Eltern, dass sie unbedingt zu Papier gebracht werden sollten. Deshalb scheuen Sie sich nicht, uns zu schreiben und einen Beitrag zu irgendeiner Situation aus Ihren Leben mit mehreren gleichaltrigen Kindern zu schicken. Ihre Erfahrungen und vor allem Ihre Tipps und guten Ideen sind gefragt.

Und so geht's: Sie schreiben - wie Ihnen der „Schnabel gewachsen" ist. Dies hier ist kein Aufsatzwettbewerb. Unsere Redaktion bearbeitet Ihren Beitrag, macht die Überschrift dazu, das Layout und formuliert die Bildunterschriften und die Zwischenüberschriften.

Ihr Beitrag sollte im Format .doc oder .docx, in „word" oder einem anderen, gängigen Schreibprogramm bei uns ankommen. Gern aber auch einfach direkt in der E-mail formuliert. Sie können Ihre Beiträge per E-mail senden an info@twins.de.

Wir nehmen aber nachwievor auch handschriftliche Beiträge, die ganz einfach per Post kommen. Unsere Adresse: ZWILLINGE, Postfach 40 11 11, D-86890 Landsberg. Schicken Sie uns auch Ihre Fotos mit. Am besten sind ganz normale Familienfotos, wie man sie mit jeder Digicam oder einem Handy machen kann. Um die entsprechend hohe Auflösung und die Druckfähigkeit kümmert sich unsere Redaktion. Und wenn Sie uns einen großen Gefallen tun wollen: benennen Sie Ihre Fotos mit denjenigen, die darauf zu sehen sind - also zum Beispiel MaxConnySpielplatz.jpg.

Wir belohnen es, wenn Sie uns einen Beitrag schicken:
Suchen Sie sich ein Buch aus

Und was bekommen Sie für Ihren Beitrag? In erster Linie natürlich helfen Sie anderen Zwillingseltern, die vielleicht noch ganz am Anfang stehen, mit ihren wertvollen Erfahrungen. Zweitens macht es auch einfach Spaß, über die eigene Familie zu schreiben und die eigenen Zwillinge in unserer kleinen Zeitschrift zu sehen.

Allerdings veröffentlichen wir Ihren Beitrag in der neuen Machart unserer Zeitschrift nicht mehr unter vollem Namen, es sei denn Sie wünschen das ausdrücklich. Der Hintergrund dafür ist, dass das neue ZWILLINGE - DAS MAGAZIN dadurch, dass es auch auf online-Portalen angeboten wird, einem größeren Leserkreis angeboten wird. Natürlich werden sich am ehesten betroffene Zwillings- und Drillingseltern für ZWILLINGE interessieren. Dennoch möchten wir jeglichem Missbrauch vorbeugen.

Übrigens: Wer einen Beitrag für unser Magazin schreibt, erhält ein Exemplar des betreffenden Magazins gratis (zur Erinnerung) oder kann sich ein Buch aus unserem Programm aussuchen.

Dann kann's ja losgehen ... wir freuen uns und sind gespannt.

GEBURTSVORBEREITUNG FÜR ZWILLINGSSCHWANGERE
IN BERLIN

INHALT

- Wahl des Geburtsortes
- Erstausstattung
- Geburtsverlauf, Geburtspositionen
- Natürliche Geburt / Kaiserschnitt / BEL
- Informationen über Klinikroutinen
- Bindung vor und nach der Geburt
- Stillvorbereitung
- Die ersten Tage mit Zwillingen / Wochenbett
- Unterstützungsmöglichkeiten
- Frühchen
- Austausch und individuelle Fragen

PRAKTISCHE ÜBUNGEN

Atem- und Entspannungsübungen
Körperarbeit, Masssagen
Gedanken-/Geburtsreise
Schulung der Körperwahrnehmung

INFORMATIONEN

Wann:
Auf Anfrage bzw. auf der Homepage www.maternita.de

Wo:
Stubenrauchstrasse 5
12161 Berlin

Wieviel:
Gesetzlichversicherte: keine*
Privatversicherte: 163,20 €
Partner: 120 € **

* Der Kostenanteil für Schwangere wird durch Teilnahmebestätigung direkt mit der Krankenkasse abgerechnet.
**Der Partneranteil wird von einigen Krankenkassen erstattet.

Wer:
Jana Friedrich (Hebamme)
Inga Sarrazin (Zwillingsmutter und Stillberaterin (AFS)

Wie:
jana@hebammenblog.de
inga.sarrazin@maternita.de

Was:
Versichertenkarte
gemütliche Kleidung
Partner

So lernen Zwillinge das Zähneputzen

Sobald die ersten Milchzähnchen durchbrechen, fängt das Zähneputzen an - beziehungsweise sollte es anfangen. Nicht jedes Kind sieht die Notwendigkeit ein oder hat Spaß daran. Aber es gibt gute Tricks und jetzt auch ein Zahnputzkonzept mit sieben verschiedenen Zahnpastas.

Wie bringt man ein Kind zum Zähneputzen? Am besten mit Spaß. Und in dem man das Zähneputzen in die morgentliche und abendliche Routine (und auch mal in die Mittagszeit) einbettet. Und in Ihrem Fall hilft auch schon die bloße Anwesenheit eines zweiten Kindes - das sporn gegenseitig an, ohne dass gleich ein typischer Zwillingswettstreit ausbrechen muss. Es gibt aber noch weitere Tipps. Hier sind sie:

Vorbild Mama. Eltern sind die besten Vorbilder. Putzen Sie sich gleichzeitig die Zähne und machen Sie ein Spiel draus: „Ich putz bei Mama, Mama bei mir". Vor allem am Anfang, wenn es mit dem Zähneputzen noch nicht so gut klappt, muss ja die Mama bei den Zwillingen putzen. Und damit die das mit sich machen lassen, lassen Sie sich ebenfalls von den beiden die Zähne putzen.

Putzen nach Zeit. Eigentlich soll ja jeder Zahnputzdurchgang drei Minuten betragen. Schon mal versucht, das abzuschätzen? Geht nicht. Da hilft eine Sanduhr oder eine Zahnputzuhr mit lustigen Geräuschen, die den Kindern nicht nur die Zeit verdeutlicht, sondern sie auch ablenkt. Wenn der Sand so durch das Glas rieselt oder der Clown-Zeiger auf der Uhr weiterläuft, wird das Zähneputzen zur Nebensache und ist ruckzuck vorbei.

Putzen mit Musik. Hier hilft selbst singen zum Beispiel ein kleines Zahnputzlied wie: „Zähneputzen, Zähneputzen, das muss jedes Kind. Zähneputzen, Zähneputzen, bis sie sauber sind". Und wenn dabei die Zahnbürste im Mund bleibt und weiterputzt, macht das Zähneputzen mehr Spaß.

Musik macht gute Laune. Auch wer nicht selber singen mag, kann der Zahnputzzeremonie mit Musik mehr Schwung verleihen. Sie könnten Ihren Zwillingen also das Lieblingslied vorspielen und dabei wird gewippt und natürlich geputzt.

Zahnbürsten kaufen. Lassen Sie Ihre Zwillinge die Zahnbürsten selbst aussuchen. So sind die Kinder stolz auf ihre eigenen Zahnbürsten. Man kann sie auch noch ermutigen: „Zeig doch mal der Oma Deine tolle Zahnbürste!"

Eine Puppe animiert zum Zähneputzen. Schon einmal Handpuppen ausprobiert? Mit einer solchen Puppe können Eltern ihre Kinder nicht nur unterhalten, sondern auch spielerisch ans Zähneputzen heranführen. Die Handpuppe kann zum Beispiel mal in den Mund gucken, ob die Zähne auch richtig sauber sind ... und wenn nicht, darf sie sicher noch einmal nachbürsteln.

Zähneputzen lernen Zwillinge am besten zusammen. Das spornt an und macht mehr Spaß. Luka und Tristan aus der Schweiz haben Zähneputzen gelernt, als es die tollen 7 tollen Tuben Zahnpasta noch nicht gab.

Geschichten erzählen. Seien Sie kreativ - werden Sie zum Geschichtenerzähler. Zum Beispiel über die armen Zähne, die sich nicht wohl fühlen, weil sie schlecht geputzt sind. Machen Sie die Zähne zu den kleinen Freunden Ihrer Zwillinge. Diese werden sie dann nicht weiterhin schmutzig bleiben lassen wollen.

Gemeinsam Bücher lesen zum Thema Zähneputzen. Es gibt zahlreiche Bilderbücher zum Thema Zähneputzen. Die können Sie gemeinsam mit den Zwillingen lesen und die Kinder so auf die tägliche Prozedur einstimmen. Außerdem erfahren die Kinder, warum das Zähneputzen so wichtig ist.

Für hartnäckige Putzverweigerer: Zahnmonster und Zahnteufel! Wenn das Zähneputzen überhaupt nicht klappt, können Sie zu drastischeren Methoden greifen und Zahnmonster oder Zahnteufel in Ihre Geschichten einbauen. Diese befinden sich

- natürlich - in Süßigkeiten und kommen nachts raus, wenn die Zähne ungeputzt sind, und machen Löcher in die schönen Zähne. Deshalb: wer seine Zähne nicht putzt, bekommt keine Süßigkeiten.

Und hier ist eine ganz neue Idee für Euch und Eure Kinder: die 7 Tuben zum spielerischen Zähneputzenlernen.

Es gibt aber noch einen ganz besonderen Tipp für das Zähneputzen: die 7 Tuben zum spielerischen Zähneputzen-Lernen - siehe im Kasten auf Seite 18. Ein solches Tubenset verlosen wir. Bewerbungen bitte einfach an

info@twins.de

Mehr dazu auf der nächsten Seite.

So macht Zähneputzen noch mehr Spaß

Da hat sich eine Dentalfirma in der Schweiz etwas tolles ausgedacht: eine Kinderzahnpasta in sieben unterschiedlichen Geschmacksrichtungen, verpackt wie ein Geschenk, was bei den Kindern gut angekommt. Eltern können beim Zähneputzenlernen Lernspiele veranstalten und so motivieren.

Die Dentalmarke edel+white aus der Schweiz verwandelt das Zähneputzen in ein spannendes Lernspiel für Kinder. Und zwar so: Bei edel+white wurden 7 Zahnpasta-Tuben mit 7 fruchtigen Geschmacksrichtungen und 7 Motiven entwickelt, mit denen Eltern Lernspiele durchführen können. Für die Kinder bieten die 7 Tuben darüber hinaus spannende Geschmackskombinationen. Grundidee ist es, die Kinder in ihrer Entwicklung abzuholen und spielerisch ihr

Zahnpasta als Lernkonzept: Mehr Spaß beim Zähneputzen

Die 7 Tuben mit dem Aufdruck von 7 Motiven in 7 Farben sowie in 7 fruchtigen Geschmacksrichtungen (Lakritze, Apfel, Zitrone, Birne, Vanille, Orange, Kirsche) bieten viele Ansätze für Lernspiele. Das Kind kann sich etwa jeden Tag eine andere Zahnpasta aussuchen und lernt so die Wochentage. Oder es darf die Früchte herausschmecken und lernt dabei gleichzeitig die Namen der Sorten. Alternativ sucht es sich eine Farbe aus und lernt die Farben zu unterscheiden. Auch lassen sich die verschiedenen Sorten der Zahnpasta kombinieren und auf diese Weise neue Geschmacksrichtungen kreieren.

Die edel white 7 Früchtli Kinderzahnpasta kostet 6,60 Euro bzw. 7,90 Schweizer Franken (UVP) Erhältlich ist sie bei Coop Vitality Apotheken sowie im Onlineshop www.lachstark.com.

tägliches Zahnputzverhalten zu schulen. „Kinder haben oft überhaupt keine Lust auf Zahnpflege. Das tägliche Zähneputzen kann zum täglichen Nervenkrieg werden. Wir packen das Problem bei der Wurzel", sagt Thomas Flatt, Chef der Marke edel+white, der die 7 Früchtli Kinderzahnpasta entwickelte.

Zähneputzen und das Trotzalter

Zähneputzen lernen kann zusätzlich mit dem Trotzalter kollidieren, was den Vorgang nicht einfacher macht. Dazu hat sich der edel+white-Chef auch etwas überlegt: „Bereits mit dem Trotzalter strebt das Kind nach einer gewissen Selbständigkeit und möchte Dinge alleine lernen. Bei unserer Zahnpasta kann es sich beispielsweise bei jedem Zähneputzen für eine der 7 Früchte oder Farben entscheiden. Das begreift das Kind als Spiel und findet es spektakulär. Indem die Eltern den Drang zum selbständigen Lernen ernst nehmen, fördern sie die Entwicklung ihres Kindes."

So wird Zähneputzen zum Erlebnis, eine „eigene" Entscheidung ist dem Prozess vorausgegangen und bei Zwillingen kommt hinzu, dass die Kinder lernen, zu teilen, abzuwarten, dem anderen Vortritt zu lassen usw. - also alles, was im Alltag mit Zwillingen so oft vorkommt.

Schon die Verpackung macht Lust auf's Ausprobieren

Die Verpackung der edel+white 7 Früchtli Kinderzahnpasta ist transparent, so dass die 7 Tuben schon von außen zu sehen sind. Sie wird von Kindern als Geschenk wahrgenommen und deshalb gerne angenommen.

Wegen ihrer gute Idee wurde die edel+white 7 Früchtli Kinderzahnpas-

ta mit dem Zahnmännchen-Logo von Toothfriendly International, einer gemeinnützige Organisation, die sich weltweit für eine bessere Mundgesundheit einsetzt, ausgezeichnet. (www.toothfriendly.org).

Die Inhaltsstoffe der edel+white Kinderzahnpasta sind natürlich und kindgerecht: Sie sind glutenfrei, enthalten weder künstliche Farbstoffe oder Aromen noch aggressive Schäummittel (SLS) oder Parabene.

Die naturnahe Schutzformulierung mit 500-680 ppm Fluorid, Grüntee-Extrakt und Vitamin E festigt den Halt der Zähne und schützt den Zahnschmelz. Der Geschmack der 7 Zahnpasten ist angenehm fruchtig, ohne süß zu schmecken.

Die Zahnpasta ist ideal für das tägliche Zähneputzen vom ersten Zahn an bis zum Alter von 6 Jahren.

Rauchen macht weniger schön ... und andere Themen

Was steht im nächsten Heft ZWILLINGE? Nicht viel, wenn die aktive Beteiligung weiter schwindet. Nein, im Ernst, wie haben schon wieder einige schöne Themen in Vorbereitung.

- Eineiige Zwillinge: attraktiver wirken jeweils die Nichtraucher;
- warum Sonnenschutz für Kinder so wichtig ist;
- Tipps für das Spielen draußen und im Sommer;
- mobil bleiben mit Zwillingen;
- nach welchen Kriterien soll der passende Schulranzen ausgesucht werden;
- Kindergeburtstag: Fynn und Josie werden 6 Jahre alt!
- und das, was Ihr noch schickt.

Schnelle Tipps & gute Ideen für Zwillinge

Zwillings- und Drillingseltern müssen vor allem praktisch denken. Deshalb haben sie Tipps und Ideen auf Lager, die wirklich hilfreich sind. Haben Sie auch einen Vorschlag, der auf diese Seite passt? Her damit!
Unsere E-mail: info@twins.de

Gut ausgerüstet für alle Fälle war Zwillingsmutter Nadine, wenn sie mit ihren - damals noch kleinen Zwillingen unterwegs war. Sie schickt ihre Ideen.

Ich hatte immer einen Flaschenwärmer oder Warmhalter dabei, der gefüllt war mit:

- 1 Einmalfläschchen (von Baby Walz),
- 1 großen Babygläschen,
- 1 Fütterlöffel,
- 2 Einmallätzchen (von Rossmann oder Müller),
- 1 Beutel Reisflocken,
- 1 Beutel HA Säuglingsmilch (zum Beispiel von HiPP),
- 1 Packung Feuchttüchern

- 1 Packung Taschentücher.

Das passt alles rein und wenn ich etwas brauchte, war immer alles und überall platzsparend dabei.

Zudem war auch immer unser „Wickelset" dabei, das beinhaltet:

- 3 bis 4 Windeln bis Größe 5,
- 2 Einmallätzchen (sind beim Fütterungsset schon dabei),
- 3 Pflaster,
- 1 Packung feuchte Waschlappen,
- 1 Tube Calendula Popocreme,
- 1 Tube Calendula Wind- und Wetterbalsam,
- 1 bis 2 Erfrischungstücher,
- 2 Butterbrotbeutel als Müllbeutel (für

Mobil bleiben mit Zwillingen - immer ein Thema. Als Philipp und Maximilian noch klein waren, hatte ihre Mutter Nadine schon alles für unterwegs gepackt.

die gebrauchten Windeln),
• 1/2 Packung Taschentücher.
Das alles passt in eine Tupper-
dose für eigentlich zwei Bröt-
chen und wir hatten es immer
komplett gepackt und handlich
dabei.

Wie kommt man zu mehr Nachruhe? Zwillingsmutter Stefanie hat sich glücklicherweise an die Ratschläge aus Büchern gehalten: nachts kein Rammtamtam.
Wir hatten Glück oder vielleicht
auch anfangs die nötige Kon-
sequenz, dass unsere Kinder
nachts nach dem Stillen sofort
wieder einschliefen, sobald ich sie wieder hingelegt hatte. Den Tag-/Nachtrhythmus hatten Isabelle und Josephine nämlich schnell drauf. Ich hatte mich allerdings auch an Regeln gehalten, die ich in Büchern gelesen hatte: Nachts nur sehr wenig Licht und kein Rammtamtam wie Schmu-

sen, Lieder singen, Herumtragen etc. Dafür war der Tag da. So war ich mit dem gesamten Stillprozess in 25 Minuten fertig und wir drei konnten weiter schlafen. Ich war trotzdem, wie alle anderen in der Situation auch, in den ersten Monaten notorisch müde.

Jetzt wieder neu mit neuen Produkten & Rabattcoupons

Ausstattungs-Ratgeber
für Zwillinge & Drillinge
Annette Wulf & Gisela Otto

•Zwillings- und Drillingskinderwagen
•Zwillings- & Drillingslaufställe
•Stillkissen für Zwillinge
•Tragesäcke & -tücher u.v.m.

Alle Jahre wieder wird der Ausstattungsratgeber für Zwillings- und Drillingseltern neu überarbeitet. Er gilt als beste Grundlage, um sich bei den vielen Ausrüstungsgegenständen zu orientieren.
Die 4. Auflage enthält noch mehr Hinweise auf Rabatte, Rabattcoupons und eine Liste spendabler Hersteller.

Das praktische Ringbuch gibt es im Buchhandel oder bei www.twins.de

ISBN 978-3-927058-71-2, 18,99 €

Schaukeln hilft bei unruhigen Zwillingen

Als werdende Oma mache ich mir natürlich Gedanken, welches Geschenk den werdenden Eltern Freude machen wird ... da bin ich auf die Schaukelwiege Swing2Sleep gestoßen, die aber auch Zwillingseltern eine große Hilfe sein kann, auch wenn sie nur einmal vorhanden ist.

Swing2Sleep - die Federwiege die wippt und wippt und wippt, denn sie wird elektrisch angetrieben. Und das haben die Erfinder selbst ausprobiert: die Federwiege lässt Babys besser ein- und durchschlafen.

Erblickt ein Baby das Licht der Welt, muss es sich zunächst an vieles gewöhnen. Neun Monate lang kannte es nur die Enge im Bauch und das sanfte Schaukeln durch die Bewegungen der Mutter. Diese Begrenzung des Mutterleibs ahmt die Hängematte der Swing2Sleep Federwiege nach, während die patentierte Swing2Sleep Steuereinheit kontinuierliche Auf- und Ab-Bewegungen erzeugt. Das Zusammenspiel aus beidem erleichtert Neugeborenen die Anpassung, wirkt beruhigend und schlaffördernd – sogar bei Schrei- und Kolik-Babys. Doch auch alle anderen Babys fühlen sich in der weichen Hängematte geborgen, können entspannen und schenken ihren Eltern so eine kurze Verschnaufpause.

Das gilt natürlich auch und gerade für Zwillings- und Drillingseltern, die ja sowieso immer eine Hand zu wenig haben und darunter leiden, dass sie immer nur ein Baby zufriedenstellen können, während das andere warten und vielleicht sogar schreien muss.

Hinter Swing2Sleep stehen Kerstin und Maik Schwede, die als Eltern eines Schreibabys um die Verzweiflung wissen, die Eltern ergreift, wenn sie ihr Kind einfach nicht beruhigen können. Sie erfuhren den Teufelskreis aus Sorge, Erschöpfung, Schlaflosigkeit, Gereiztheit und völliger Hilflosigkeit am eigenen Leib und wissen, wie schwierig er zu durchbrechen ist.

Von geplagten Eltern entwickelt.

Bei ihrer Tochter probierten die Schwedes selbst eine Federwiege aus, die allerdings von Hand gewippt wurde. Sie stellten bald fest, dass ihre Kleine darin zwar gut einschlief, jedoch nach kurzer Zeit, wenn das Wippen aufhörte, wieder aufwachte. Mit dieser Erfahrung und aus dem Bedürfnis, den Teufelskreis der Erschöpfung dauerhaft zu durchbrechen, entstand die Idee zur elektrisch betriebenen Federwippe.

Schaukeln im Rhythmus des Mutterherzens.

Die Swing2Sleep Steuereinheit lässt die Federwiege mit 50 bis 70 Auf- und Ab-Bewegungen pro Minute schaukeln. Dieser Rhythmus entspricht in etwa dem Herzschlag der Mutter. Er lässt sich individuell einstellen, ganz nach dem Bedürfnis des Babys.

Um die Wiege auch dem Gewicht des Babys anzupassen, ist sie mit einer variablen Anzahl an Federn ausgestattet. Mit dem Wachstum des Kindes werden diese nach

Sanftes Schaukeln im Herzrhythmus der Mutter kann wahre Wunder wirken.

und nach eingesetzt.

Sicher in den Schlaf.

Auch auf die Sicherheit wurde bei der Konzeption der Federwiege penibel geachtet. Die Hängematte ist so genäht, dass das Baby nicht herausfallen kann. Dabei stützt sie den noch leicht gerundeten Rücken von Säuglingen optimal, weshalb Federwiegen generell auch von Hebammen und Ostheopathen empfohlen werden. Es gibt keine scharfen Kanten, keine Gefahr des Einklemmens und auch alle Materialien sind gesundheitlich unbedenklich. Die Swing2Sleep Federwiege ist natürlich auch TÜV-geprüft.
Befestigt wird die Swing2Sleep mit der eigens entwickelten Türklammer, die an jedem Türrahmen angebracht werden kann. Alternativ bieten ein mobiles Gestell oder ein Deckenhaken weitere Anbringungsmöglichkeiten.

Mieten oder kaufen? Einfach nach Bedarf.

Da die Anpassung von Babys in der Regel nur wenige Monate dauert, kann die Swing2Sleep über den Onlineshop auch für einen Wunschzeitraum gemietet werden. Die Miete beträgt 49 Euro pro Monat zuzüglich einer Kaution von 30 Euro, der

Kaufpreis liegt bei 298 Euro. Wer nach einem Probemonat von der Wippe überzeugt ist, dem wird die Mietgebühr auf den Kaufpreis angerechnet.

Und das sagen andere Eltern:

Dass die Swing2Sleep wirkt, haben bereits hunderte Eltern bestätigt. Immer wieder werden Kerstin und Maik Schwede von Kunden kontaktiert, die sich einfach nur bedanken möchten. Viele waren wegen ihres Schreibabys am Ende ihrer Kräfte, hatten über Wochen kaum geschlafen und wussten nicht mehr ein noch aus. Babys, die sich einfach nicht beruhigen ließen, schliefen in der Swing2Sleep zum großen Erstaunen der Eltern nach wenigen Minuten ein und schlummerten selig über Stunden, während sie automatisch weitergeschaukelt wurden. Die Kundenrezensionen, die die Schwedes auf ihrer Website unter www.swing2sleep. de/kundenrezension-federwiege/ veröffentlichen durften, sprechen für sich.
Weitere Informationen zur Swing2Sleep Federwiege unter

- **www.swing2sleep.de und auf**
- **www.facebook.com/swing2sleep**

Auch für Zwillinge lohnt sich die Anschaffung oder Miete der Federwiege, da die Wiege ein Baby beruhigt, während das andere versorgt wird.

Gutes Spielzeug muss nicht dem neuesten Hype entsprechen

Viele Kinder ersticken in einer Flut von Spielzeug. Da sind Zwillinge keine Ausnahme. Wenn Eltern und Großeltern Spielzeug schenken, können sie sich an den Empfehlungen des Spielgut e.V. orientieren, der auch festgestellt hat, dass bewährtes Spielzeug oft mehr Sinn macht als Neues.

Neues scheint auf den ersten Blick interessanter zu sein, als das, was wir schon lange kennen. Das gilt auch im Spielzeugbereich. Doch dabei wird leicht übersehen, dass Kinder - auch Zwillinge und Drillinge - nicht nur spielen, sondern beim Spielen auch lernen. Für Kinder ist Spielen „Arbeit".

Nicht jedes neue Spielzeug ist auch gut.

Auch auf dem Spielzeugmarkt gibt es immer wieder Neues. Dabei - so die Verbraucherberatung „Spielgut e.V." - wird Bewährtes leicht übersehen. „Industrie und Handel fördern diesen Trend, die Werbung und Medien tun ihr übriges dazu", bemängeln die Spielzeugexperten, auf deren Internetseite viele Spiele und Spielzeuge bewertet werden.
Der Run auf Neues verdrängt Altbewährtes und auch Notwendiges wird übersehen und sogar eine Fertigkeit kann verkümmern, die scheinbar nicht mehr gebraucht wird. Bestes Beispiel dafür, wie durch Weiter-Entwicklungen Fähigkeiten verkümmern, sind Erlebnisbäder. Es gibt Rutschen aller Art, Strömungska-

nal, Wellenbecken und anderes - all das macht Spaß. Schwimmen erscheint dagegen langweilig, wird nicht mehr richtig erlernt. Viele Kinder entwickeln fürs Schwimmen lernen nicht mehr genug Ausdauer, das anstrengende Üben ist zu mühevoll und im Erlebnisbad kann man auch Spaß haben, ohne schwimmen zu können.
Spielzeug ist ein besonders „anfälliges" Produkt für diesen Neuheiten-Run. Die Kinderzimmer sind voll mit Spielzeug - Eltern, Großeltern, Verwandte beschenken die Kinder bei jeglicher Gelegenheit, motiviert von intensiv betriebener Werbung - Spielzeugkataloge werden auch schon von jüngeren Kindern regelrecht „gelesen", Wünsche angekreuzt oder ausgeschnitten.

Gleiche Geschenke für Zwillinge?

Bei Zwillingen und Drillingen kommt noch die Besonderheit hinzu, dass die geschenkten Spielzeuge entweder gleich sein oder miteinander harmonieren müssen, damit sich keines der Kinder benachteiligt fühlt.
Viele klassische Spielsachen, die bei

Kindern auf den ersten Blick nicht so ankommen, weil sie nicht spektakulär sind, werden von Eltern oft auch nicht gekauft, weil diese Sachen für sie nicht „neu" sind und deshalb auch ihre Aufmerksamkeit nicht mehr erregen. Dass solche Dinge aber für ihre Kinder „neu", weil unbekannt sind und ihnen Spaß machen könnten, daran denken Eltern nicht. Ganz zu schweigen von den Grundfertigkeiten, die damit geübt werden. Spielen ist für Kinder wie Arbeit - sich auf eine Sache konzentrieren, sich nicht ablenken lassen, verschiedene Möglichkeiten ausprobieren, körperliche Anstrengungen für den Erfolg einsetzen, sich mit Mitspielern auseinandersetzen, all das sind Anforderungen, die gelernt und geübt werden müssen.

Besonders gut gelingt dies natürlich, wenn Spaß und Freude die Kinder motivieren und das Spielmaterial anspruchsvoll genug ist, dass sich das Spiel weiterentwickeln kann. Deshalb ist es wichtig, sich beim Spielzeugkauf zu informieren

Pinolino stellt Möbel her, die zum gemeinsamen Spielen animieren. Neu ist zum Beispiel dieser „Liegestuhl für zwei". Er heißt Linus für 2.

und das geht ganz ausgezeichnet auf der Internetseite des Vereins unter

www.spielgut.de

Von Pinolino ist auch das Spielboot für zwei. Es heißt Hoppetosse und ist mit knapp 160 Euro erschwinglich. Mehr Info unter www.zwillingsburg. de

Schatten & unbedingt sauberer Sand

Als meine eigenen Zwillinge mit zwei Jahren die Sandkisten in München erstürmen wollten, war gerade Tschernobyl und damit waren alle Sandkisten tabu. Heute ist das lange her. Doch auch in diesem Sommer gilt es, die Buddelkisten für Zwillinge auf Sicherheit und Funktionalität zu überprüfen.

Der Sandkasten ist ein wunderbares Spielzeug - wenn man es mal so nennen will. Es bietet den Stoff, aus dem man nicht nur Kuchen backen, sondern auch ganze Burgen formen kann. Zwillinge spielen stundenlang darin, wenn der Sandkasten groß genug ist und das richtige Spielzeug parat hält.

Aber - auch ein Sandkasten braucht einige Mindestanforderungen, um sicher zu sein, wie die Aktion DAS SICHERE HAUS*) zusammengestellt hat.

Wie sieht der ideale Sandkasten aus?

Eine Plastikmuschel tut es zwar auch, doch ein richtiger Sandkasten aus Holz ist stabiler und meistens größer. Bei Zwillingen kann eine solche Plastikmuschel nur ein kleiner Notbehelf sein. Sandkästen gibt es im Baumarkt natürlich fertig zu kaufen. Noch besser - gerade bei Zwillingen - ist ein Riesen-Sandkasten, den vielleicht der handwerklich begabte Opa baut?

Wo sollte der Sandkasten stehen?

Wohl dem, der ein eigenes Grundstück hat, das auch noch groß genug ist, um einen Sandkasten aufzustellen. Wichtig ist Schatten. Doch im Schatten und unter hohen Bäumen kann es den Kindern auch einmal zu kühl werden. Vor praller Sonne schützt am besten eine Terrassenmarkise oder ein Sandkastendach. Natürlich kann man auch einen Sonnenschirm aufstellen, der allerdings immer das Risiko birgt, umzukippen.

Wie sollte der Boden im Sandkasten beschaffen sein?

Praktisch ist ein Sandkastenvlies, das man unter dem Sand auslegt. Es hält Ungeziefer, Unkraut und Dreck von unten fern, Wasser aber kann abfließen.

Ein Deckel macht dicht, wenn der Sandkasten nicht benutzt wird.

Gitter-, Holz- oder Netzabdeckungen schützen vor Verunreinigungen und halten Katzen und andere Tiere ab, die auch schon mal ihr Geschäft im Sandkasten machen. Bei längeren Spielpausen, in Schlechtwetter-Phasen und über Nacht ist ein Deckel auf dem Sandkasten daher sehr sinnvoll.

Welcher Sand eignet sich und wo bekomme ich ihn her?

Im Baumarkt gibt es speziellen, geprüften Spielsand. Der Sand sollte regelmäßig durchgeharkt werden, um grobe

Verunreinigungen zu beseitigen. Spielsand sollte im Herbst entfernt, die Buddelkiste im nächsten Frühjahr neu aufgefüllt werden.

*)Die Aktion DAS SICHERE HAUS (DSH) informiert über Unfallgefahren in Heim und Freizeit.

Selberbauen: Sandkasten

Gute Tipps zum Bauen gibt es im Internet unter www.deavita.com

Sandkasten aus Holz:

- Nur unbehandeltes Holz verbauen, da Chemikalien durch Regen in den Sand geraten könnten;
- nur Holz nehmen, das weniger anfällig für Fäule ist: Lärche, Douglasie, Robinie, aber auch Fichten- oder Tannenholz;
- Maße nicht zu klein festlegen: schon bei Zwillingen sollten es 2 mal 2 Meter sein. Kommt Kinderbesuch, darf's auch größer sein.

Sandkasten aus Stein oder Beton:

- Für den Rahmen kann man auch Pflastersteine verwenden, die ewig halten und nicht durch Feuchtigkeit oder andere Wettereinflüsse beschädigt werden.
- Außerdem lässt sich diese Sandkastenvariante schnell und einfach umsetzen und die Größe ist flexibel;
- für mehr Stabilität sollten die Steine miteinander befestigt, also gemauert werden. Sonst können sie von den Kindern umgestoßen werden und die Zwillinge verletzen.
- Der Sandkasten aus Stein sollte fast bis

zu den Rändern mit Sand gefüllt werden, um eine zu hohe Schwelle zu vermeiden.

- Wer eine bereits befestigte Ecke im Garten hat, kann mit großen Gartensteinen zwei weitere Seiten befestigen, mit Sand auffüllen. Fertig!

Riesenreifen aus der Landwirtschaft:
Ein Tipp nicht nur für Landwirte. Deren Traktoren haben oft riesige Reifen. Bunt bemalt, sieht so ein Reifen nicht nur lustig aus, sondern kann auch - mit Sand aufgefüllt - als Sandkasten dienen.

Noch viel mehr Ideen sind unter
www.deavita.com
zu finden.

Ein guter Sandkasten muss groß genug sein. Hier spielen Jill und Enya mit Schleichtieren.

Wassergewöhnung: Da braucht es viel Geduld

Kinder lieben Wasser. Ja, aber nicht alle und nicht alle sofort. Cornelia B. hat diese Erfahrung mit ihren Zwillingen Inga und Lisa gemacht und lässt uns an den verschiedenen Phasen teilhaben. Und auch ich kann sagen: ich bin eine Mutter dreier wasserscheuer Söhne gewesen. Alle: Maximilian und Constantin, die Zwillinge, und Sohn Nicolai lernten sehr spät schwimmen.

Bis zum Alter von einem Dreivierteljahr badeten unsere Kinder gerne, auch im Sommer im Plantschbecken (übrigens: in unserem Schrebergarten im Sommer trocken gelegt und mit einer Decke ausgepolstert ein preisgünstiger Laufstallersatz für die erste Zeit).

Wasser löste riesige Angst aus.

Dann von einem auf den anderen Tag, ohne dass wir einen Auslöser dafür erkennen konnten - folgte eine nahezu hysterische Angst. Die Kinder (sonst überwiegend friedlich) schrieen wie am Spieß und beruhigten sich erst wieder, als sie ins Handtuch eingewickelt auf unseren Arm konnten.

Wir versuchten vieles, nichts beruhigte die beiden. In der „Hochzeit dieser Phase" begannen die Kinder schon zu schreien, wenn Wasser in die Wanne eingelassen oder Handtücher bereit gelegt wurden.

Einmal klingelte ein unter uns wohnender Vater, um sich nach dem Grund des unbändigen Geschreies zu erkundigen. Vielleicht vermutete er, dass wir unsere Zwillinge misshandeln?

Wir gaben unseren Kindern so wenig Anlass wie möglich, sich derart aufzuregen. Oft wurden sie nur per Waschlappen auf dem Wickeltisch gewaschen. Aber irgendwann stand trotzdem der nächste Badetag an. Auch, wenn wir mit den Kindern gemeinsam badeten, beruhigten sie sich nicht.

Diese Phase verschwand zum Glück nach circa einem Jahr wieder so schnell wie sie gekommen war und ganz von selbst. Seitdem badeten die Kinder wieder ganz gern.

Die Angst vor Wasser in großen Mengen blieb jedoch. Am Strand traute sich keines der Kinder in die Nähe des Meeres - eigentlich auch ganz praktisch, so mussten wir nicht ständig hinter den Kindern her sein. An Plantschen im Spülsaum der Wellen oder gar Schwimmengehen mit den Kindern war nicht zu denken.

Im Hallenbad sollten sie ihre Wasserscheu verlieren ...

Als die beiden vier Jahre alt waren, gingen wir regelmäßig ins Hallenbad. Inga war die Mutigere und traute sich, mit Schwimmflügeln zu uns ins Wasser. Anne stand oft draußen und diskutierte über die Trageeigenschaften von Wasser. „Ich gehe da unter. Ein Stein schwimmt doch auch nicht."

Mit viel Geduld und Überredungskunst gelang es schließlich, auch Anne ins

Wasser zu locken. Sie klammerte sich dann an uns, an Schwimmübungen war nicht zu denken. Inga war da mutiger und probierte einiges aus, ohne dabei wagemutig zu werden.

Mit gut fünf Jahren lernte sie schwimmen, mit knapp sechs Jahren machte sie ihr erstes Seepferdchen, weil es mit dem Tauchen zunächst nicht klappen wollte. Es folgten Bronze- und Silberabzeichen mit acht Jahren und das Goldabzeichen mit neun Jahren.

Inga hat nun aus ihrer neuen Liebe zum Schwimmen ein Hobby gemacht und geht seit anderthalb Jahren gemeinsam mit einem Klassenkameraden einmal pro Woche in eine Schwimmgruppe der DLRG und sie hat auch schon an Wettkämpfen teilgenommen.

Anne tat sich mit dem Schwimmenlernen schwer, konnte dann aber mit sieben Jahren 50 Meter schwimmen, sie traute sich nur nicht, ins Wasser zu springen. Als sie sich dies endlich zutraute, klappte das für das Seepferdchen nötige Tauchen (um einen Ring aus dem schultertiefen Wasser zu holen) nicht, weil sie meinte, dann nicht mehr atmen zu können und ersticken zu müssen. Endlose Diskussionen folgten. Anne: „Du hast doch gesagt, dass mich das Wasser trägt, dann kann man doch gar nicht tauchen! Das geht nicht!" Wir hörten geduldig zu, beruhigten, überzeugten und ermutigten sie.

Endlich - mit acht Jahren - hat sie dann das Seepferdchen geschafft, wenige Wochen später konnte sie dann schon das Bronze-

Seit einigen Sommern erleichtert der Doppel-Schwimmreifen für Zwillinge das Wasservergnügen mit zwei Kindern. Links mit Maximilian und Magdalena aus Salzburg.

Eine schöne Lösung, wenn man auch mal allein mit den Zwillingen zum Baden gehen möchte. Im Doppel-Schwimmreifen sitzen die Kinder sicher. Info über den Schwimmreifen auch unter www.zwillingsburg,.de

zeichen ablegen. Für das Silberzeichen haben wir zusammen geübt, vielleicht klappt es in der nächsten Freibadsaison? Beide Kinder gehen aber inzwischen gerne zum Schwimmen und verabreden sich auch mit Freunden im Freibad. Seit beide mindestens das Bronzeabzeichen haben und damit sicher schwimmen können, haben wir keine Bedenken, sie allein ins Freibad gehen zu lassen.

Zu Hause wird jetzt mehr geduscht als gebadet.

Zu Hause hat seit gut einem Jahr das Duschen das Baden abgelöst. Probleme gibt es dabei gar keine mehr.

Vor zwei Jahren waren wir im Sommer mal wieder am Meer. Inga fand das Baden in den Wellen der Nordsee toll, Anne stand lange zögernd am Spülsaum, fand dann Ausreden, nicht ins Wasser kommen zu müssen. Als sie dann auch noch eine Qualle sah, war es mit ihrem Wunsch, einmal im Meer zu baden, völlig vorbei. In einem Fjord, der nur circa 1,20 Meter tief war und der auch in der

Nähe unseres Ferienhauses in Dänemark lag, badeten beide Kinder ausgiebig zusammen mit dem Hund. Kommentar unserer Kinder: „Heute hat Nelly das Seepferdchen gemacht!" Nelly ist unsere Retrieverhündin.

Im letzten Sommer war ich mit den Kinder spontan für vier Tage mit Zelt an der Ostsee. Die Kinder schwärmen noch heute von den hohen Wellen und dem tollen Wasser. Berührungsängste gab es keine mehr. Sie fragen schon, ob wir nächstes Jahr wieder zum Schwimmen ans Meer fahren.

Unsere Bade- und Wassergeschichte ist auch ein Beispiel dafür, dass manche Probleme nur phasenweise auftreten und dass auch aus wasserscheuen Babys ganz normale „Badekinder" oder sogar Wasserratten werden können. Oft fehlt uns wahrscheinlich nur die nötige Geduld, problematische Phasen durchzustehen. Ein schwacher Trost, wenn man gerade mittendrin steckt! Aber vieles geht vorüber - und manchmal schneller als man denkt.
(Cornelia B.)

Verlosung: ZOGGs-Kinderschwimmbrille, die sich prima an jede Kopfgröße anpassen lässt

Die lustigen Kinderschwimmbrillen von ZOGGS haben wir schon im vergangenen Jahr vorgestellt. Wir haben immer noch zwei Paar zur Verlosung hier. ZWILLINGE-Leser können sich bis zum 15.6.2018 dafür bewerben.

Schwimmbadfreuden für Zwillinge

Wenn die Zwillingsmutter selbst gerne schwimmen geht, werden auch die Zwillinge früh ans Wasser gewöhnt. Dorit H. hat hier sehr schön beschrieben, wie aus Maria und Sophie richtige kleine Wasserratten wurden.

Im ersten Sommer haben unsere Zwillinge Maria und Sophie im Plantschbecken auf unserem Balkon gebadet. Im kühlen Nass war es auf dem heißen Balkon im Sommer auszuhalten und ich passte auf beide auf, in dem ich die Füße ins Wasser hielt - sehr zur Freude meiner Kinder. Nur im Urlaub gingen wir ins Schwimmbad, dann zusammen mit meinem Mann. Dabei benutzten wir auch Babyschwimmreifen. Man sollte darauf achten, dass sie auch zwei Ringe haben: der innere Ring mit einem Sitz für das Baby, der äußere Ring als zusätzliche Sicherheit vorm Umkippen. Diese Babyringe waren sehr stabil und erlaubten es, auch mit einer Person Zwillinge im Wasser zu betreuen.

Als meine Mädchen den Babyringen entwachsen waren, sind wir auf Schwimmflügel umgestiegen. Bei uns galt ebenfalls der eiserne Grundsatz: Nur mit Schwimmflügeln darf im Wasser geplantscht und gespielt werden.

Da ich sehr gerne schwimme und die Zwillinge nicht allein am Strand zurücklassen wollte, wenn ich ohne weitere Begleitung mit ihnen in der Badeanstalt war, gewöhnten wir uns schnell eine „Huckepackmethode" an. Jedes Kind hielt sich an einem Träger meines Badeanzugs fest. So konnte ich schwimmen gehen und war doch in der Nähe meiner Kinder. Sie fanden es toll, von der Mama durchs Wasser gezogen zu werden und selbst, wenn ein Kind mal den Träger losließ, konnte dank der Schwimmflügel nichts passieren.

Weiterhin haben wir uns, so lange die Kinder klein waren, angewöhnt:

- an heißen Tagen recht früh oder erst am späten Nachmittag ins Schwimmbad zu fahren,
- die Mittagshitze in der Wohnung beim Mittagsschlaf zu verbringen,
- den Kindern ständig einen Sonnenschutz aufzusetzen und oft ein kurzärmeliges T-Shirt anzuziehen,
- bevor wir uns auf den Weg ins Schwimmbad machten, bereits mit Sonnencreme einzucremen und in regelmäßigen Abständen den Sonnenschutz zu erneuern,
- Schattenplätze zu wählen oder eine Strandmuschel als Schattenspender aufzubauen,
- sowie Speisen so zuzubereiten, dass kleingeschnittenes Obst mit wenigen Bissen verspeist werden konnte, um das Wespenrisiko so gering wie möglich zu halten,
- Badesandalen als Schutz vor Verletzungen zu benutzen.

Da mein Mann mich nach meiner Arbeit am Nachmittag selten ins Schwimmbad begleiten konnte, holte ich häufig die Oma der Zwillinge zu unserem Badevergnügen ab.

Mittlerweile fahre ich allein mit den Mädchen regelmäßig ins Schwimmbad oder zum See. Sie schwimmen nun schon sehr sicher und machen meine ausgiebigen Schwimmrunden jetzt selbst schwimmend mit.

Die mitgeschickten Bilder stammen nicht vom verregneten Sommer zu Hause, sondern von unserem letzten Urlaub auf Kreta. (Dorit H.)

Keine Angst vor großem Wasser - schon früh lernten Marie und Sophie das flüssige Element zu schätzen.

Spielraum Wasser

Wasser ist ein wunderbarer „Stoff" zum Spielen. Und praktisch überall vorhanden, wenn man nicht gerade in der Wüste wohnt. Monika und Petra Bezdek, die maßgeblich beim Münchner Eltern-Kind-Programm e.V. beteiligt sind, haben auch dazu ein Buch zusammengestellt, das man nur noch direkt beim Verein unter

www.ekp.de

bestellen kann.

Physiotherapie gegen Schädelasymmetrie und Schiefhals

Zwillinge haben nicht selten aufgrund der relativen Enge im Mutterleib Probleme mit Schädelasymmetrien und einem sogenannten Schiefhals. Das lässt sich durch einfache Lagerungsmöglichkeiten zu Hause, aber auch mit Osteopathie und Physiotherapie beheben. Doch was hat es mit den Therapien nach Bobath und Vojta auf sich? Sandra L. hat uns geschrieben.

Ich möchte Euch gern meine Erfahrungen mit Schädelasymmetrie, Schiefhals und Physiotherapie (nach Bobath und Vojta) mitteilen.

Unsere Zwillinge Erik und Tom sind am 8. Dezember 2017 geboren. Sie sind in der 40. SSW per Kaiserschnitt gesund und munter auf die Welt gekommen. Doch dann bei der U3 stellte der Kinderarzt fest, dass Erik eine recht große Schädelasymmetrie und Schiefhals hatte. Bei Tom war beides nur leicht ausgeprägt. Es

Tom und Erik brauchen Physiotherapie und dann wird alles gut.

wurde als erstes ein Besuch beim Kinderorthopäden verordnet. Dieser renkte auch beide am Halswirbel ein. Weiterhin erteilte der Kinderarzt den Ratschlag, auf die Lagerung der Kinder zu achten. Durch die Kopfverformung legten die Kinder die Köpfe beim Liegen immer wieder automatisch auf die abgeflachte Seite.

Ein Handtuch im Rücken stützt die Babys im Liegen.

Mit einem Handtuch im Rücken stützten wir dann also die beiden so ab, dass sie auch mal zur anderen Seite schauten. Zusätzlich kauften wir ein Babydorm SimoNatal Kissen. Dieses Lagerungskissen hat in der Mitte ein Loch, worin der Kopf liegt und somit in der Nacht entlastet wird. Dieses wurde uns von der Hebamme und vom Kinderarzt empfohlen. Beide Kinder haben eigentlich gut in diesen Kissen geschlafen.

Bei der nächsten U-Untersuchung empfahl der Kinderarzt dann einen Termin bei einer Kinderosteopathin und gab uns ein Rezept dafür. Der Besuch muss erst privat bezahlt werden, anschließend bekommt man je nach Krankenkasse einen Teil erstattet.

Anfänglich waren wir der Osteopathie gegenüber etwas skeptisch, dann haben wir doch einen Termin ausgemacht und waren äußerst positiv überrascht. Die Osteopathin war sehr vertraut mit den Kindern und verstand es gut, auf die beiden einzugehen. Für Tom war nur eine Sitzung notwendig, für Erik hingegen die vier verordneten Sitzungen.

Für Erik reichten diese erreichten Verbesserungen dem Kinderarzt noch nicht, so verschrieb er Physiotherapie für ihn. Da war Erik drei Monate alt. Da nichts weiter erläutert wurde, suchte ich nach einer Praxis, die in der Nähe lag und auch eine Kindertherapeutin hatte. Dass es Unterschiede bei der Therapieform gibt (nach Bobath und nach Vojta), wusste ich bis dahin nicht. Gängig ist die Form nach Bobath, nach dieser Form machten wir zwei 10er-Rezepte hintereinander Physiotherapie, was sowohl Erik als auch mir taugte.

Als bei der nächsten Untersuchung der Kinderarzt immer noch meinte, die Verformungen des Schädels seien weiter therapiebedürftig, konnte ich das nicht mehr ganz nachvollziehen, da wir auch zu Hause die Übungen aus der Therapie übten und ich keine positiven Veränderungen mehr durch die Physiotherapie feststellen konnte. Der Arzt empfahl daraufhin die Therapie nach Vojta.

Diese Therapie ist ein spezielles Behandlungskonzept und wird bei Säuglingen und Kleinkindern mit geschädigtem Zentralnervensystem und Bewegungsstörungen angewendet. Hierbei wird das Kind in gewisse Stellungen gebracht und an genau festgelegten Punkten Druck/Reize ausgeübt. Die Muskulatur soll aktiviert werden, dass sie dann beim erneuten Wiederholen Einfluss auf die Haltungs- und Bewegungsmuster nimmt.

Mit der Vojta-Behandlung kamen wir nicht zurecht.

Für mich war diese Therapieform gewöhnungsbedürftig. Das Kind kommt bei den Übungen an eine Leistungsgrenze und antwortet mit einem Schreien oder Weinen.

Uns wurde vom Kinderarzt eine bekannte Therapeutin empfohlen. Schon beim ersten Besuch bei ihr weinten meine beiden Kinder, bevor die Therapeutin überhaupt noch eine Übung mit den Kindern gemacht hatte. Dann zeigte die Therapeutin mir an Erik Übungen, die ich anschließend mit ihm nachmachen sollte. Ich ließ den ersten Termin über mich ergehen, aber wohl war mir bei den ganzen Übungen nicht. Auch im Nachhinein musste ich Erik lange trösten, bis er wieder zur Ruhe kam.

Erik weinte viel und mir brach das Herz.

Leider verliefen die weiteren Termine ähnlich, mein Sohn weinte schnell und viel und mir tat es im Herzen weh. Auch war die Kommunikation der Therapeutin mit mir und mit den Kindern leider nicht auf meiner Wellenlänge.
Nach einigen weiteren Terminen empfand ich die Termine nur noch als Stress für mich und Erik und entschied mich dafür, das Rezept nicht zu Ende zu machen. Ich hatte zwischendurch einige andere Übungen gezeigt bekommen, die man im normalen Handling umsetzen konnte, um die Haltung und Bewegung des Kindes optimal zu unterstützen, zum

Beispiel darauf achten, dass die Kinder die Beine abwechselnd benutzen, um die Treppe hoch zu krabbeln, damit beide Seiten trainiert werden. Diese praktischen Tipps setzten wir daheim auch um. Zum Glück war beim nächsten Kinderarztbesuch auch bei Erik alles soweit gut, dass endlich mit dem Thema Physiotherapie und Schädelasymmetrie abgeschlossen werden konnte.
Abschließend möchte ich sagen, dass es für mich (auch im Nachhinein) die richtige Entscheidung war, auf mein Bauchgefühl zu hören und aufgrund der Übungen bei Vojta und der Art der Therapeutin die Therapie abzubrechen. Es gibt bestimmt viele Fälle, bei der Vojta helfen kann.

Ich habe auf mein Bauchgefühl gehört und das war richtig.

Für uns war es nicht das richtige und zum Glück konnte die Osteopathie, Orthopädie und Physiotherapie nach Bobath ausreichend gegen die Schädelasymmetrie und den Schiefhals helfen. (Sandra L.)

Carola Meißner
Speziell für Zwillingsfamilien

FAMILIENBERATUNG MIT HERZ UND VERSTAND
www.familienberatung-meissner.de - Telefon 0171-8300 932

Auf die Plätze - die Schule geht los!

Janna und Astrid sind eigentlich fit für die Schule. Nur, als es daran ging, die Schuleinschreibung hinter sich zu bringen, waren die beiden etwas bange. Aber: auch diese Hürde ist genommen, die Schulranzen sind gekauft und in diesem Herbst kann es losgehen ...

Astrid und Janna waren aufgeregt und ich auch. Denn für uns war die Schulreifeüberprüfung eine große Sache. Bereits vor der Schuleinschreibung war die Angst davor groß. Die Angst zu versagen, aber noch deutlich größer. Und ich hatte schon Sorge, ob sie - so schüchtern sie im Kontakt im Umgang mit Erwachsenen sind - in dieser Testsituation tatsächlich ihre Reife vermitteln würden können und nicht vorschnell als Vorschüler eingestuft würden.

Da die Schule für die Schulanfänger/innen das Thema war, haben die Pädagoginnen es dankenswerter Weise aufgegriffen: Kinder, die bereits die Schulreifeüberprüfung absolviert hatten, wurden eingeladen, davon zu erzählen. Und das taten sie in der Art: „Zuerst musste ich das machen, dann das ..." und haben das eine oder andere auch vorgezeigt. Astrid und Janna hat das gut getan und ich habe ihnen deshalb erst am Vortrag erzählt, dass wir tags darauf einen Termin in der Schule haben. Und schon gab es wieder Tränen.

Die Kinder wurden in der Schule in Dreier-Gruppen eingeteilt. Astrid wurde zuerst aufgerufen und ging entspannt in ihre Gruppe. Janna kam zum Schluss dran und wurde einer anderen Gruppe zugeteilt. Da sind ihr die Tränen gekommen und mir fast auch. Die Lehrerin hat das zum Glück mitbekommen und ihr gesagt, dass alle Kinder im selben Raum sind, und mir, dass sie zur Einschätzung die Kinder einer Lehrperson zugewiesen haben.

Während die Kinder die Aufgaben meisterten, füllte ich das Formular für die Nachmittagsbetreuung schweren Herzens aus. Da die Mädels bestimmt drei oder vier Tage

diese in Anspruch nehmen werden müssen. Denn mittags um 11.30 vor der Schule zu stehen, das schaffe ich nicht. Eine Stunde später ging ich wieder in die Schule zurück, um die Mädels abzuholen. Und ehrlich gesagt mit den schlimmsten Befürchtungen. Doch wie hatte ich die beiden unterschätzt! Quietschfidel und einige Zentimeter größer kamen sie mir und ihrem Papa entgegen. Danach redeten beide wie ein Wasserfall, ergänzten sich, korrigierten sich und fanden das ganze ziemlich einfach. Sie hatten sogar festgestellt, dass ein Kind im Unterschied zu ihnen überhaupt nicht geredet hatte und waren sogar ein kleines bisschen darüber entrüstet. Der Tag klang mit Kakao und einem Brioche im Café und Austoben am Spielplatz aus.

Und abends fragte mich Astrid als Janna duschte: „Mama, wie schreibt man Deinen Namen?" und ich buchstabierte ihn und sie hat in richtig aufgeschrieben. Dieser Notizblockzettel hängt seither an der Tür.

Astrid und Janna bekamen ein paar Tage später das Ticket für die erste Klasse und nach Ostern suchten wir im Fachhandel die Schultaschen aus oder besser gesagt Astrid für sich eine eher blaue-lila gestreifte und Janna eine lila-pink-geschuppte. Denn jede hat sich ihre Lieblingsschultasche aussuchen dürfen. Auf den Königsstuhl sitzen und ein Foto machen, das dann im Geschäft aufgehängt werden könnte, lehnten sie allerdings ab - wie erwartet. Seither packen sie aber ganz oft ihre Schultasche ein und aus, zeigen sie stolz jedem Besuch und interessieren sich noch stärker als zuvor für das Alphabet.

Astrid und ich haben schon über die Nachmittagsbetreuung gesprochen und auch, dass in der Schule anfangs vieles neu sein wird, doch dass das irgendwann so wie im Kindergarten in ein freudige Selbstverständlichkeit übergeht. Ich hoffe es sehr.

Ebenso, dass meine Mädels - sie schlafen seit einiger Zeit alleine beim CD hören ein - auch demnächst in ihren eigenen Betten nächtigen und Nachtwanderungen von hier nach dort und zurück aufhören. Als Astrid kürzlich krank war und sich im Bett erbrochen hat, habe ich beide umquartiert. Janna hat sich anfangs steif wie ein Brett gemacht - sie schläft im Stockbett oben, wofür ich auch auf ein Stockerl steigen musste - und vehement gemeutert. Als ich ihr dann den Grund dafür nannte, fügte sie sich sekundenschnell und schlief wunderbar durch. Beim Frühstück betonte sie total überzeugt: „Ich schlafe nur im Notfall in meinem Bett!" Und meine Korrektur:

Astrid (links) und Janna sind jetzt Schulmädchen. Nach dem Sommer geht es los!

„Das soll doch der Normalfall sein. Sonst sag ich Dir jede Nacht, dass das Bett unbenützbar ist", kam nicht so an. Janna meinte bloß: „Dann frage einfach die Astrid in der Früh, ob das stimmt!". Und die Hoffnung meinerseits war geweckt, dass wir diesen nächsten großen Schritt auch endlich in Kürze schaffen. (Sigrun Eder)

Ein Erzählbuch: Weg mit den Windpocken

„Wilma und die Windpocken" ist ein Bilder-Erzählbuch für Kinder, die gerade Windpocken haben oder mehr darüber wissen wollen. Zahlreiche Mit-Mach-Seiten helfen dabei, die juckende Zeit besser zu überstehen. Im medizinischen Nachwort informiert die Ärztin Dr. med. Ute Taschner Eltern über das Erscheinungsbild und die richtige Behandlung dieser typischen Kinderkrankheit.

Band 17 der Kindersachbuchreihe „SOWAS!" von Psychologin Sigrun Eder (www.sowas-buch.de).

Verlag edition riedenburg
www.editionriedenburg.at
ISBN 978-3-903085-88-6
14,90 Euro

Pitataschen - Füllung für jeden Geschmack

Vier Kinder und jedes Kind hat eigene Vorlieben beim Essen. Zwillingsmutter Katrin hat eine perfekte Lösung gefunden. Pitataschen. Die leckeren Teigtaschen (Ursprung: Griechenland, Naher Osten) aus Hefeteig gibt es fertig zu kaufen. Gefüllt werden sie je nach Geschmack mit verschiedenen Zutaten.

Oft gibt es beim Essen Ärger, weil jeder etwas anderes mag, doch bei den Pitaschen sind alle meine vier Kinder begeistert. Wir haben die fertigen Pitataschen im Lidl, bei Netto, Edeka und im Kaufland gefunden.

Jeder kann sich seine Zutaten für die Füllung selbst zusammen stellen. Gemeinsam bereiten wir dann die Füllungen dafür vor.

Wir brauchen hierzu:

* 1 Gurke,
* Cocktailtomaten,
* 2 verschiedene Paprika,
* 1 Eisbergsalat,
* Pitaschen (für 6 Personen brauchen wir 2 Packungen, 10 Pitataschen),
* 1.200 Gramm Gyros,
* 2 Zwiebeln,
* 1 Glas Oliven,
* Kräuterbutter,
* Tsatsiki und Hamburger Sauce (Ketchup, Mayo und Senf).

Und so wird's gemacht:

* Die Gurke waschen und in Scheiben schneiden,
* Cocktailtomaten waschen,
* Paprika waschen, entkernen und in Stücke schneiden,
* den Eisbergsalat waschen und in Stücke reißen,
* die Pitataschen im Toaster oder Backofen erwärmen,
* das Gyros in der Pfanne kross braten,
* die Zwiebeln schälen und in Ringe schneiden,
* 1 Glas Oliven dazustellen,
* die Kräuterbutter dazulegen,
* das Tsatsiki in Schüsseln füllen und
* die Hamburger Soße aus folgenden Zutaten herstellen: 3 Esslöffel Ketchup, 1 Esslöffel Mayonnaise und 1 Teelöffel Senf.

Die Kinder machen die dreifache Portion, da es ihnen gerade so lecker schmeckt.

So wird's angerichtet:

Alle Zutaten auf zwei Tellern herrichten und auf den Tisch stellen, damit jeder ran kommt.

Die Pitataschen oben ein kleines Stück aufschneiden. Jeder füllt seine Pitatasche mit Hamburger Soße, Kräuterbutter oder Tsatsiki und wählt dann aus, was er noch dazu reintun möchte.

Guten Appetit wünschen Felix, Malte und Katrin

Viele Kinder, viele unter- schiedliche Geschmäcker. Da ist ein indi- viduell befüll- bares Pitabrot eine gute Idee. Oben: Malte (links) und Felix schmeckt's. Links: die Zutaten für die Pita-Füllung.

Wo kommt das Pita-Brot her?

Pita, in der Türkei Pide, ist ein von Griechenland bis zum Nahen Osten verbreite- tes, etwas dickeres, weiches Fladenbrot aus Hefeteig. Es dient, mehrmals täglich frisch gebacken, als Beilage zu fast allen Mahlzeiten.

Hergestellt wird es je nach Region aus einem einfachen, leicht gesalzenen Hefe- teig, der etwas Öl oder auch Butter enthalten kann und häufig vor dem Backen mit dem Finger im Rautenmuster eingedrückt, mit einer Eigelb-Öl- oder gekochter Mehl-Wasser-Mischung eingestrichen und mit Sesam und auch Schwarzkümmel bestreut wird. Gebacken wird Pita ohne Form direkt auf dem Boden eines Stein- backofens. Zahlreiche Rezepte für die eigene Herstellung der Pitataschen gibt es im Internet.

Anton und Johannes - zwei coole Jungs aus der Nähe von Berlin.

Sonnenbrillen sind nicht nur modisch ein Hit ... sie schützen auch die Augen. Unbekannte Zwillinge ...

Rechts: Linnea und Johanna in Dänemark

Im Garten werkeln?
Die drei schönen
Gärtnerinnen,
Drillinge aus Lands-
berg am Lech haben
sich sicherheits-
halber mit Sonnen-
brillen ausgerüstet.

Mama macht's vor und die
Mädchen nach: am Strand nur
mit Sonnenbrille ...

Neue Fotos gesucht
... wir nehmen immer
noch gerne Fotos ...
schickt sie an
     info@twins.de

Ob Sonnenbrillen auch im Maul des
Sauriers schützen? Nils und Nick
probieren es aus.

So lernen Zwillinge und Drillinge lesen

Wie bringt man Kinder heutzutage zum Lesen, wo schon kleinste Zwillinge und Drillinge lieber mit Computer & Co. spielen? Dazu hat die Gründerin der online-Plattform librileo gemeinnützig Sarah Seeliger ein Leseförderprogramm für Kinder von 0 bis 6 entwickelt. Uns gibt sie Tipps, wie das mit dem Lesenlernen klappt.

Lesen ist eine wichtige Kindheitserfahrung, wenn nicht sogar die wichtigste. Denn für Kinder erschließt sich auf diese Weise eine neue Welt - nämlich die des geschriebenen Wortes. Einen Großteil unseres Wissens nehmen wir durch Lesen auf, daher gilt diese Kompetenz als Grundvoraussetzung für den Zugang zu Bildung. Jedoch kann fast jedes fünfte Kind im Alter von zehn Jahren nicht richtig lesen. Dabei ist die Familie ein fundamentaler Ort, der darüber entscheidet, ob Kinder die spätere Schulzeit erfolgreich meistern oder nicht. Umso wichtiger ist es, dass Kinder so früh wie möglich an Buchstaben & Co. herangeführt werden.
Sarah Seeliger, Gründerin und Geschäftsführerin von Librileo gemeinnützig, gibt fünf Tipps, wie Kinder ihre Liebe zu Büchern entdecken können.

1. Früh mit Vorlesen beginnen

Bekommen Kinder bereits in frühen Jahren vorgelesen, haben sie später in der Schule weniger Probleme damit, das Lesen selbst zu lernen. Kleine Rituale spielen dabei eine große Rolle. So können Eltern sich gemeinsam mit den Kleinen vor dem Schlafengehen ein Buch aussuchen, sich zusammen einkuscheln und ihnen eine Geschichte vorlesen. Auch die Väter oder Großväter sollten mehr Vorlesen und so ein wichtiges

Rollenvorbild sein. Denn meist wird diese Aufgabe den Müttern zuteil, und auch in der KiTa oder Grundschule übernehmen meist Frauen die Erziehung und somit das Vorlesen. „Gerade Jungen kann so der Eindruck vermittelt werden, dass Lesen nur etwas für Mädchen ist", so Sarah Seeliger.

2. Kindern die Wahl lassen, was vorgelesen wird

Klar, Eltern versuchen für ihre Kinder möglichst altersgerechtes Lesematerial auszusuchen. Doch am Ende ist es ratsam, den Nachwuchs entscheiden zu lassen, was vorgelesen wird. Denn es ist gar nicht mal so wichtig, ob es sich um ein Buch oder ein Comic handelt, als vielmehr, dass überhaupt gelesen wird. Eltern können ihre Kinder zum Beispiel in die Bibliothek begleiten und dort gemeinsam herausfinden, welche Geschichten den Kleinen gefallen. Ein kleiner Tipp: Um Kinder zum Lesen zu verführen, einfach beim Vorlesen an der spannendsten Stelle aufhören. Denn wenn Kinder unbedingt wissen wollen, wie es weitergeht, werden sie eher zum selber Lesen animiert.

3. Tipps für den kleinen Geldbeutel

Nicht jede Familie kann es sich finanziell

Eltern, die viel mit ihren Kindern gemeinsam lesen, machen genau das Richtige, um ihren Zwillingen Bücher schmackhaft zu machen. Heute, wo Bücher fast „out" sind, eine wichtige Voraussetzung. Denn ohne Lesen geht's dann doch nicht. Hier Michael E. mit seinen Zwillingen Elias und Emma.

leisten, das Lesen lernen seines Nachwuchses aktiv zu fördern. Doch Bücher müssen nicht immer neu gekauft werden, damit die Kleinen ihren Lesespaß erhalten. In Bibliotheken findet Groß und Klein bestimmt etwas zum Schmökern und auf Flohmärkten gibt es den Lesestoff oftmals schon zum kleinen Preis. „Kinder und Jugendliche aus Familien mit geringem Einkommen werden mithilfe des Bildungs- und Teilhabepakets (BuT) unterstützt", weiß Sarah Seeliger. Mit dieser Hilfe können Eltern für ihre Kinder Leseförderprogramme, wie zum Beispiel Librileo gemeinnützig, in Anspruch nehmen. Auf diese Weise erhalten auch Kinder aus sozial schwachen Familien Zugang zu altersgerechten Büchern.

4. Kleine Briefe und Einkaufslisten schreiben

Lesen lernen fällt nicht jedem Kind leicht und erscheint Kindern oft als ein mühsames Unterfangen. Eltern können ihren Kindern die Liebe zu Buchstaben und Worten schmackhaft machen, indem sie ihnen immer wieder kleine Briefe schreiben oder das Kind mit kurzen Einkaufslisten in den Laden schicken. Das motiviert die Kleinen und sie werden daher bestimmt alles daransetzen,

Über Librileo gemeinnützig:

Librileo gemeinnützig ist ein Leseförderprogramm für die Frühförderung von Kindern zwischen 0 und 6 Jahren aus sozial schwachen Familien. Das Ziel von Librileo gemeinnützig ist es, dass jedes Kind in Deutschland Zugang zu Büchern und damit gute Bildungschancen und eine erfolgreiche Zukunft erhält. Mithilfe des Bildungs- und Teilhabepakets (BuT) erhalten Eltern eine kostenlose Mitgliedschaft und empfangen dann viermal im Jahr eine Bücherbox von Librileo, die auf die Entwicklungsphase des Kindes abgestimmt ist und altersgerechte Bildungsimpulse gibt. Auf diese Weise sollen Kinder, die in einem schwierigen Umfeld aufwachsen, dennoch früh Zugang zu Bildung erhalten.

diese Mitteilungen selbst zu entziffern.

5. Eltern müssen sich in Geduld üben

Hand aufs Herz: Es ist noch kein Meister vom Himmel gefallen. Lesen lernen ist ein hochkomplexer Vorgang. Kinder müssen erst einmal die Verknüpfung von Laut und Buchstabe herstellen, um dann im nächsten Schritt die Laute zu einem Wort zusammenzusetzen. Es ist ein großer Schritt von der Bedeutung des Wortes, zu der des Satzes und dann zum gesamten Text. Daher liebe Eltern: Geduld haben und keinen Druck auf die Kleinen ausüben. Lesen sollte Spaß machen und nicht zum Zwang werden.
Quelle: Librileo gemeinnützig

Neue Bücher: Papa kann (fast) alles ...

Wer hätte nicht gern so einen tollen Papa zu Hause? Im Bilderbuch „Papa kann (fast) alles" wird dieser Held des Familienalltags vorgestellt.

Günther Jakobs, „Papa kann (fast) alles", Bilderbuch zum Vorlesen, Carlsen Verlag, 12,99 Euro (13,40 Euro in Österreich), ISBN 978-3-551-51051-8.
So einen Papa wünscht man sich ... vor allem als Mama. Denn dieser Alltagsheld scheint alles zu können. Auf dem Titelbild sprintet er mit zwei Kindern und Hund in den Kindergarten. Und auf dem nächsten Bild schleppt der Gute zusätzlich zwei schwere Einkaufskörbe die Treppen rauf. Natürlich kann auch dieser Papa nicht alles und deshalb heißt es ja auch „fast".

In diesem Bilderbuch sind einige Situationen aus dem Alltag mit Kindern dargestellt und ein Papa, der sich viel Mühe gibt und doch manchmal scheitert. Und trotzdem haben wir ihn gern.

Ein schönes (und lustiges) Vorlesebuch für Väter und Kinder - lustig illustriert vom Autoren, der auch zeichnen kann: Günther Jakobs.

Wir verlosen unser Rezensionsexemplar:

Zwillinge lernen Lesen lieben, wenn man ihnen vorliest - dieses Buch ist bestens dafür geeignet. Papa, das kannst Du bestimmt! Vorlesen.

schreibt einfach an info@twins.de eine mail mit Eurer Adresse und ein paar Daten. Der erste Bewerber bekommt das Buch zugeschickt.

Elizabeth Pantley, „Das liebevolle Schlafbuch für Neugeborene - Ruhige Familiennächte von Anfang an", Trias Verlag, 14,99 Euro, 15,50 Euro in Österreich, ISBN 978-3-432-10515-4.

Schlafen ist immer wieder ein Thema, das Eltern bewegt ... besser gesagt: das Nicht-Schlafen. Babys kommen nämlich leider nicht mit einem Knopf zum Ausschalten auf die Welt. Sie haben einen eigenen Schlafrhythmus - und wieder besser gesagt: keinen.

Die Autorin weiß das nur zu gut, denn Elizabeth Pantley hat selbst vier Kinder. Und Babys brauchen anfangs bis zu 20 Stunden Schlaf - nur schlafen sie nie lange am Stück und schon gar nicht unbedingt dann, wenn die erschöpften Eltern schlafen möchten.

Was kann man also jungen Eltern raten? Das wichtigste für ein Baby - in Ihrem Fall

für zwei Babys - ist die liebevolle Zuwendung. Hier sind bei Zwillingseltern einfach beide gefragt. Es wird nicht ausbleiben, dass auch der Papa nachts mit anpacken muss. Vielleicht können Sie sich bei der Nachtschicht abwechseln? Oder wenigstens am Wochenende zu einer Art nächtlicher Arbeitsteilung übergehen?

Das Buch enthält keine speziellen Hilfen für Zwillingseltern. Dafür sind ja auch spezielle Ratgeber für Zwillingseltern da - zum Beispiel „Zwillinge doppelt so schön & halb so schlimm", ISBN 978-3-927058-00-1. Darin sind einige Kapitel nur zum Thema „Babyschlaf von Zwillingen" mit vielen guten Ideen zur Entspannung der Situation enthalten.

Aber, wenn Eltern die hier, in diesem Buch vom Trias Verlag ebenfalls enthaltenen guten Ratschläge für nur *ein* Baby und das verständliche Hintergrundwissen auf Zwillinge anwenden, bzw. verinnerlichen, sollte sich auch die Situation in einer Zwillingsfamilie entspannen.

Eine gute Grundlage mit vielen Tipps für entspanntere Nächte bieten zum Beispiel Kapitel wie „Schlafsignale erkennen", „Schlafgeräusche", „Beruhigende Geräusche", „Babys eigenes Bett", „Richtig pukken" und „Einschlafrituale".

Darin sind Ideen enthalten, die auch Zwillingseltern helfen, ihre Babys besser zu verstehen und damit mit einer Umgebung zu versorgen, die zu ruhigem Schlaf und ungestörteren Nächten verhilft.

Elizabeth Pantley
Das liebevolle
SCHLAFBUCH
für Neugeborene

Ruhige Familien-Nächte
von Anfang an

TRIAS

Ach wären sie nur mit einem Knopf zum Abschalten geboren?! Wer seine Babys kennt, weiß, was sie brauchen, um entspannt(er) zu schlafen. Das neue Buch gibt viele Fingerzeige.

Unerwünschte „Ehrlich-keiten" führen zu unberechtigter Kritik

Fluch und Segen zugleich: Das Internet verleitet dazu, zu viel von sich preis-zugeben. Kritik, die eigentlich nur ehrlich gemeint war, zieht noch mehr Kritik nach sich. Gehässigkeiten und Beschimpfungen sind nicht weit. Warum könnt Ihr nicht Respekt vor anderen Meinungen haben? Thea denkt nach.

Dass Menschen verschieden sind und unterschiedliche Ansichten haben, das ist wohl allgemein bekannt. Und dass sich vor allem bei uns Mamas oft die Geister scheiden - und das egal bei welchem Thema - ist nun auch nichts Neues. Es gibt dann diejenigen, mit denen man sich prima austauschen kann. Und eben die anderen.

Grundsatzdiskussionen führen nur zu Frust.

Zum Glück haben wir alle schon im Kleinkindalter gelernt: „Der Klügere gibt nach", also lächeln wir höflich und wechseln dann das Thema.
Aber dann gibt es ja noch das Internet, genauer gesagt Facebook. Ein Ort, an dem bekanntermaßen die Menschen deutlich mehr sagen und von sich preis-geben, als sie das live und in Farbe tun würden.
Ich muss dazu sagen, ich LIEBE meine Mama-Facebookseiten. Zum einen gibt es mindestens einmal am Tag einen tol-len Spruch, über den man herzhaft la-chen kann, weil man sich so angespro-chen fühlt. Dann allerhand nützliche und weniger nützliche Infos und Artikel. Und

jede Menge Diskussionen, die man ent-weder belustigt oder sehr genervt verfol-gen kann, bis man sich schließlich denkt: „Könnt Ihr Euch eigentlich mal zufrieden lassen?!?" und das Fenster schließt.
Normalerweise beteilige ich mich also nicht an irgendwelchen Diskussionen. Es gibt genügend andere, die meine Mei-nung vertreten (das weiß ich, sobald ich sehe, dass der erst eine Stunde alte Bei-trag schon 374 Kommentare hat) und vor allem gibt es genug Kommentare, die ich sicher nicht lesen will, weil sie mich wü-tend machen. Also halte ich mich raus. Bis auf diesen einen Tag vor circa vier Wochen ...

Ich mag meinen Körper gerade nicht besonders ...

Wer meinen letzten Blogeintrag gelesen hat, der weiß, dass ich Schwierigkeiten habe, mit meinem Körper nach der Ge-burt Freundschaft zu schließen. Freund-lich ausgedrückt. Aber ich arbeite daran, esse weniger und mache jeden Tag ein bisschen Sport und ich sehe durchaus Fortschritte.
Dann eines Tages der Beitrag auf einer meiner geliebten Mama-Facebookseiten

zu genau diesem Thema. Eine sehr mutige Frau hatte ein Foto von sich ins Internet gestellt (inklusive Dehnungsstreifen ohne Ende, Hängebrüsten und Wabbelbauch und eben ein paar Kilos zu viel) und dazu einen wirklich bewegenden Text geschrieben, wie sehr sie nach endlos vielen Fehlgeburten stolz auf ihren Körper ist, der ihr nun endlich ein Kind geschenkt hat. Sie findet sich schöner als je zuvor.

Wow, wie mutig ... oder doch nur geheuchelt?

Wow, was für eine starke und mutige Frau denkt man. Und liest man. In 374 Varianten, 374 mal kommentiert unter dem Beitrag.

Ich habe genau die gleichen Gedanken gehabt. Und gleich darauf einen anderen: „Und jetzt mal ehrlich!?"

Ich weiß, diese Frau hat viel mehr durchgemacht als ich, bis ihr Körper so aussah wie er es heute tut. Ich kann mir nicht einmal ansatzweise vorstellen, wie man sich fühlt, wenn es nach endlos vielen Fehlgeburten endlich geklappt hat, wenn man endlich sein Wunder in den Armen halten darf, das man sich so lange so sehnlichst gewünscht hat. Und ich glaube ihr, dass ihr in dem Moment alles andere auf der Welt, inklusive ihres Aussehens schnurzpiepegal ist. Trotzdem konnte ich mir nicht verkneifen zu kommentieren:

„Ob das wahr ist? Ich sehe nach der Geburt meiner Zwillinge mit gerade einmal 23 Jahren genau so aus. Und ich hasse alles daran!"

Zuerst haben ein paar wenige geantwortet, denen es genau so ging wie mir. Ich fühlte mich gut, endlich verstand mich mal jemand. Ich war wohl doch nicht so alleine.

Und dann ging es los. Irgendeine Mama, die es wieder besser wusste, meinte, sie müsse gleich zehn Frauen verletzen, indem sie antwortete, wir sollten uns mal alle nicht so haben und nicht so rumheulen, wüsste ja schließlich jeder, dass der Körper nach der Geburt nicht derselbe ist und wir sollten lieber mal glücklich sein, dass wir unsere Kinder haben.

Und da war es wieder. Dieses beschissene Gefühl, von der Welt als schlechter Mensch und noch schlechtere Mutter abgestempelt zu werden, nur weil man nicht alles und jeden, inklusive sich selbst über das Glück, ein Kind zu haben, vergisst.

Wieso denken Menschen nicht nach? Gerade Mamas, die wissen, welche Gefühlsachterbahnen einen an jedem Tag Mamasein begleiten? Warum können sie nicht einfach die Klappe halten? Oder was Nettes sagen? Warum nicht einfach sagen: „Es tut mir sehr leid, dass Ihr Euch so fühlt. Mir selbst geht es wie der Frau in dem Beitrag oben. Ich unterhalte mich gerne mit Euch und erzähle Euch mehr darüber, wie es mir möglich ist, mich trotz meines aus den Fugen geratenen Körpers so gut zu fühlen."

Ich würde mich sofort bei ihr melden.

Statt Verständnis für eine andere Meinung: Streit

Stattdessen schreibt sie so etwas. Und löst damit natürlich wieder so einen blöden Streit aus, den niemand wollte. Ich wollte mich mit niemandem streiten. Ich wollte bloß ehrlich sagen, wie ich mich fühle, wenn ich so einen Beitrag im Internet sehe.

Ich habe nicht mehr viel geantwortet. Die anderen haben sich noch ein bisschen gestritten und nach circa zwei Tagen war dann Ruhe.

Aber ich habe es nicht vergessen. Beiträge wie dieser häufen sich in letzter Zeit, habe ich das Gefühl. Und ich finde es toll, dass man sich als Mama nicht mehr zu verstecken braucht mit seinen Mama-Narben. Dass man raus in die Welt gehen kann und laut schreien kann:

„Schaut mich an, mein Körper hat ein Wunder erschaffen. Ich bin glücklich und wunderschön!"

Ich finde das toll, wirklich.

Aber ich kann nicht anders als zu behaupten, dass immer ein bisschen Selbstverleugnung dabei ist.

Denn wenn wir mal ganz ehrlich sind: Egal, wie glücklich wir sind und wie sehr wir unsere Kinder lieben. Und ganz egal wie sehr wir gelernt haben, ob aus tiefster Überzeugung oder nicht, unsere neuen Körper zu akzeptieren oder vielleicht sogar zu lieben für das, was sie uns geschenkt haben.

Wenn heute jemand zu Dir kommen würde. Ein Magier vielleicht. Und er Dir sagen würde: „Ich habe Dich beobachtet. Du bist eine tolle, liebevolle Mutter und eine unglaublich starke und mutige Frau. Als Belohnung dafür schnippe ich jetzt mit dem Finger und alle Dehnungsstreifen werden verschwinden. Dein Bauch wird flach und straff sein. Deine Brüste werden aussehen, als ob sie das Wort ‚Schwerkraft' noch nie gehört hätten. Das alles wird von einer auf die andere Sekunde geschehen, aber alles andere in deinem Leben wird exakt so bleiben wie es ist. Wir ändern nur Dein Aussehen, was sagst Du?!"

Würdest Du „Nein" sagen? Sei ehrlich!
(Thea Lina Krause)

Thea Lina Krause schreibt über ihren Alltag als Zwillingsmutter auf ihrem Blog unter
www.realmenmaketwins.de

Fluch oder Segen? - das Internet

Was sagt Ihr dazu? Ich persönlich halte mich sehr zurück mit Kommentaren, da man selbst mit harmlosen postings einen enormen „Shitstorm" auslösen kann.

Je mehr gemeinsam, desto mehr Reibung

Im letzten Heft ZWILLINGE - DAS MAGAZIN hat uns Zwillingsmutter Herta am turbulenten Alltag als Zwillingsfamilie schon teilhaben lassen. Morgens ist was los im Hause R.! Glücklicherweise ist der Nachmittag etwas entspannter, denn die beiden Mädchen (derzeit 13 Jahre alt) sind in der Schule getrennt und so entfällt ein Gutteil Konkurrenz.

... ab 13.20 Uhr sehen und hören wir uns in der Regel wieder. Wirklich nicht jeden Tag kommt es vor, dass beide mit hochrotem Kopf angerauscht kommen, die erste das Fahrrad hinknallt, Sturm klingelt und hilferufend ins Haus eingelassen werden will. Derweil ist Nummer 2 auch da und macht entweder verbal oder gewalttätig ihrer Wut Luft, natürlich auf der Straße, so dass alle Nachbarn mithören können.

Meine inzwischen dreizehnjährige Erfahrung bringt mir den Vorteil, dass ich vollkommen ruhig bleibe und beide einfach ihren Streit austragen lasse. Jedes Einmischen in einen Zwillingsstreit ist reiner Selbstmord.

Schulerlebnisse werden gleichzeitig erzählt.

Nach dieser Zwischeneinlage (die glücklicherweise selten vorkommt), werden Neuigkeiten des tristen Schullebens berichtet - natürlich gleichzeitig, was es erschwert, zuzuhören. Aber auch hier hat mich das Leben gelehrt, dass ich ohne dumme Zwischenfragen und Kommentare,

die eh grundsätzlich falsch wären, zuhöre. Das Mittagessen verläuft ohne weitere Zwischenfälle. Vorher oder während des Essens bekomme ich noch vorsorglich und besonders an den Tagen, an denen ein Nachmittagsprogramm angesagt ist (Hockey und Musikunterricht) zu hören, dass alle Lehrer kein Verständnis für die Schüler haben und unmöglich viele Hausaufgaben aufgeben. Diese unmöglich vielen Hausaufgaben sind entweder schon in einer halben Stunde fertig, nämlich dann, wenn eine Freundin anruft oder man sich zwischendurch entspannen muss (auf der Couch mit TV) oder sie ziehen sich telefonierend hin.

Hausaufgaben werden am Küchentisch gemacht - da sitzen sie sich auf der Pelle ...

Unsere Zwillingsmädchen gehen in die 7. Klasse des Gymnasiums und ich schaffe es nicht, sie dazu zu bewegen, ihre Hausaufgaben in ihren jeweiligen Zimmern am jeweils eigenen Schreibtisch zu machen. Der Grund: der Schreibtisch ist zu voll. Also muss der Küchentisch herhalten. Ein Tisch hat ja eigentlich vier Seiten, aber da unser Tisch direkt an der Wand steht, hat er nur drei Seiten. Aber - wie es sich für Zwillinge gehört - sitzen beide nebeneinander an der gleichen Seite. Der Tisch ist zwar zwei Meter lang, aber auch fünf Meter würden nicht reichen, keinen Streit zu entfachen. Erster Grund: Zwilling 1 ist Linkshänderin (ich schreibe Zwilling 1, weil sie die Erstgeborene ist). Zweiter Grund: Zwilling 2 sitzt eng daneben und will spicken. Leider sind sie seit der 7. Klasse in vier Schulklassen zusammen, da drei Klassen zu zwei zusammenschrumpften. Irgendeine Rettung gibt es auch in diesen Fällen. Das sind keine großen Probleme - mal abgesehen von der Faulheit. Beide bringen gleiche Leistungen in der Schule.

Zurück zum Nachmittagsprogramm das noch genügend Zündstoff birgt ... Es wird gemault, dass man gar keine Zeit zum Spielen hat. Wenn dann doch Zeit ist, muss ich sie geradezu auf die Straße jagen. Abends wird meist noch gelernt, falls eine Arbeit angesagt ist. Auch hier ist es durch die getrennten Klassen eher unproblematisch.

Abends kann ich keine weiteren Horrormeldungen geben. Friede ist eingekehrt. Nummer 1 verschwindet während der Fernsehsendung im Bad und macht sich fertig, Nummer 2 trödelnd ab 21.15 Uhr.

Witzigerweise hat Nummer 2 eine Freundin, die selbst Zwilling ist und genau einen Tag jünger. Sie sind sich auch von ihrer Art sehr ähnlich und deshalb gute Freundinnen. Tochter Nummer 1 hat leider keine enge Freundin. Das liegt aber auch daran, dass alle Schulkameradinnen verstreut in den Außenbezirken von unserer Stadt wohnen. Für Tochter Nummer 2 ist dies ein großer Vorteil, denn wenn ihre Freundin nicht da ist, bleibt immer noch ihre Zwillingsschwester zum Zeitvertreib und Streit.

Meine Erfahrungen zeigen, dass durch die Trennung in der Schule das Verstehen in der freien Zeit besser funktioniert. In den Ferien, in denen wir nicht weg sind, sind die Reibungspunkte viel gegenwärtiger und schärfer.

Wann ist die „Anfangszeit" eigentlich vorbei?

Ich habe diesen Beitrag geschrieben, weil viele Außenstehende behaupten, wie toll es ist, Zwillinge zu haben und dass nur die Anfangszeit so schwierig ist. Ich habe keine Ahnung, wie lange diese „Anfangszeit" dauert. Bei uns ist sie jedenfalls bis heute nicht beendet.

Zwillinge stehen immer in Konkurrenz zueinander, da die körperliche und geistige Entwicklung in der Regel gleich ist.

Jeder Mensch hat das Bedürfnis, auch einmal im Mittelpunkt zu stehen und diese einzelne Aufmerksamkeit müssen sich Zwillinge immer erkämpfen.

Ich habe keine Ahnung, ob es Unterschiede gibt bei eineiigen oder zweieiigen Zwillingen. Wir wissen nicht, ob unsere Zwillinge ein- oder zweieiig sind. Sie sehen sich sehr ähnlich und Außenstehende haben Probleme, sie zu unterscheiden.

Letzte Bemerkung: Wir sind rundum glücklich. (Herta R.)

Wie kann man sich 365 Tage mit Zwillingen erleichtern?

Ich habe zusätzlich noch ein paar Tipps aufgeschrieben, wie man mit Zwillingen rund ums Jahr besser zurecht kommt.

1. Ab und zu mit einer Freundin am Abend verschwinden.

2. Durch meinen Beruf ist es mir möglich, ein bis zwei Wochen lang in ein Seminar zu flüchten und meinen Horizont zu erweitern.

3. Omas, Freundinnen etc. einspannen, um einmal Zeit für sich zu gewinnen und zu regenerieren.

4. Zwillinge auch mal getrennt in den Urlaub schicken. Dies machen wir unregelmäßig, seit unsere Zwillinge sechs Jahre alt sind. Mein Bruder nimmt jeweils abwechselnd eine Dame mit. In diesem Fall erkennt man seine eigenen Kinder nicht wieder - vor allem das verbleibende Kind. Eine absolut andere Verhaltensweise, weil die Konkurrenz fehlt. Einfach himmlisch!

5. Sich freuen, dass man Zwillinge hat. Es ist das zweitschönste im Leben! (Herta R.)

Bock auf Blog? Dann besucht unser Blog unter www.zwillingemachenkriegenhaben.de

Auch, wenn der Titel unserer neuen Homepage, unter der wir das Blog betreiben, witzig klingt ... hier ist es nur manchmal witzig. Hier werden auch seriöse Themen behandelt. Und es gibt jede Menge Verlosungen.

Allerdings: im Moment lässt die Teilnahme noch zu wünschen übrig. Wie auch dieses Magazin ist ein Blog auf die Reaktionen seiner Leser angewiesen. Also besucht uns auf

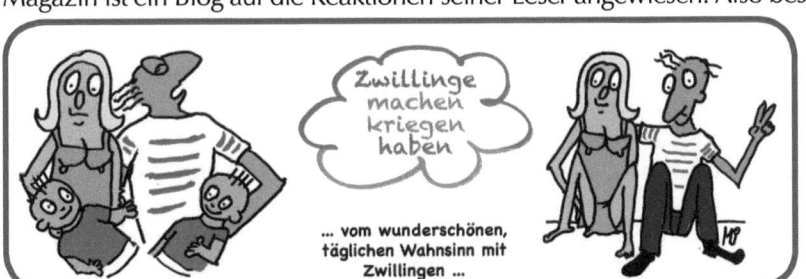

Zwillinge machen kriegen haben

... vom wunderschönen, täglichen Wahnsinn mit Zwillingen ...

www.zwillingemachenkriegenhaben.de

und macht einfach mit!

Die Entdeckungsreise in das Reich der Sprache

Zwillingen wird ja oft nachgesagt, dass sie schlechter sprechen (lernen) als einzeln geborene Kinder. Aber hilft hier Drill? Die Logopädin Bärbel Koch hat sich Gedanken gemacht, wie Eltern schlecht sprechende Kinder beim Spracherwerb unterstützen können.

Stellen Sie sich vor, Sie befinden sich plötzlich auf einem Ihnen völlig fremden Planeten. Dort herrschen andere Gravitationsverhältnisse, die Wesen bewegen sich auf eine Ihnen unbekannte Weise fort und sie sprechen eine Sprache, die Sie noch nie zuvor gehört haben. Sie haben keine Ahnung, was Sie hier machen, was Sie tun sollen und wer die Wesen sind, die sich in Ihrer Umgebung befinden.

Spracherwerb ist ein bisschen wie auf einem anderen Planeten gelandet zu sein ...

Ihr Hirn ist leer. Sie können auf keine Erfahrung zurückgreifen. Sie wissen nichts, gar nichts! Alles was Sie haben, ist ein unbändiger Forschergeist. Sie möchten herausfinden, wie hier alles funktioniert und Teil von dieser Gemeinschaft werden. Ja Sie möchten dazu gehören, und Sie haben keine Angst vor Misserfolgen, Fehlern und Rückschlägen. Über so etwas machen Sie sich keine Gedanken.
Die einzige Chance die Sie haben, um auf diesem Planeten zurecht zu kommen ist, dass Sie es den Anderen gleichtun. Sie beobachten, hören zu, probieren immer wieder etwas aus und lernen aus den Erfahrungen. Vor allem von den Wesen, die in Ihrem nächsten Umfeld sind und die Ihnen ihre Liebe zeigen, lernen Sie am liebsten und

am schnellsten. Sie sind Ihre größten Vorbilder, ihnen streben Sie nach, ihnen möchten Sie gefallen, zu ihnen möchten Sie gehören. Ungefähr ein Jahr dauert es, bis Sie herausgefunden haben, wie man sich hier fortbewegt, kommen selber immer schneller voran, verstehen immer mehr, was die Wesen um Sie herum sagen und machen Ihre ersten eigenen Sprechversuche. Ihre Liebsten freuen sich über jeden Ihrer Lernerfolge.
Es ist nicht immer leicht für Sie, denn Sie müssen ja wirklich alles von Grund auf lernen. Doch wenn Sie es dann können, ist es in Ihrem Gehirn verarbeitet und gespeichert worden und Sie können jederzeit auf dieses Wissen zurückgreifen und aufbauen.
Durch das ständige Ausprobieren machen Sie vielfältige Erfahrungen mit Erfolg und Misserfolg, aber das macht Ihnen nichts aus. Wenn es einmal nicht so klappen sollte, probieren Sie es einfach noch einmal aus, bis es funktioniert.

Kinder lernen von Vorbildern.

Irgendwann haben Sie sich alles Wichtige angeeignet und können zu einem Lehrer werden, indem Sie ein Vorbild für andere sind.
So ähnlich muss es unseren Kindern gehen, wenn sie zu uns auf diese Welt kommen. Alles was sie lernen, lernen sie von uns durch unser Vorbild.

Aber jetzt möchte ich mich erst einmal vorstellen.

Mein Name ist Bärbel Koch. Ich bin Mutter von zwei schon erwachsenen Kindern und seit über 25 Jahre als Logopädin tätig. In den letzten Jahren habe ich mich intensiv mit der Sprachentwicklung auseinandergesetzt und gefragt, woran es liegen könnte, dass die Kinder immer größere und massivere Probleme haben, ihre Muttersprache zu erlernen.

Meine Empfindung ist es, dass die Kinder die Feinheiten der Sprache gar nicht mehr entdecken, dass sich der Wortschatz immer weiter minimiert und dass sie in ihrer Sprachentwicklung einfach „stecken" bleiben.

Wie können Kinder leichter lernen?

Ich setzte mich damit auseinander, wie wir lernen, was das Lernen erleichtert, wie wir effektiv und nachhaltig lernen können und wodurch der Prozess des Erlernens der Muttersprache gestört werden kann.

Daraus entstand dann mein Buch: „Korrigier mich nicht! Sprechen lerne ich von selber" (siehe Kasten)

Mir ist es ein großes Anliegen, darüber aufzuklären, was durch unser korrigierendes Eingreifen bei sprachlichen Fehlern unserer Kinder passiert und was dazu führt, dass der natürliche Lernprozess unterbrochen oder sogar zerstört werden kann.

Ohne Fehler keine Korrektur.

Aber was meine ich eigentlich mit Korrektur?

Um etwas korrigieren zu können, muss zunächst etwas „falsch" sein. Es muss also Vorschriften geben, die festlegen, was „richtig" ist. Alles was davon abweicht, ist dann ein „Fehler". Wir alle haben gelernt, dass Fehler „schlecht" sind. Wir bekommen schlechte Noten, wenn wir Fehler machen oder eine Rüge, vielleicht sogar eine Bestrafung. Wir machen uns sogar selber Vorwürfe, wenn wir einen Fehler gemacht haben.

Natürliches Lernen braucht „Fehler". Wenn

Sprechen lernen fast wie von selbst

Bärbel Koch

KORRIGIER MICH NICHT!

Sprechen lerne ich von selber

Kinder lernen von Vorbildern. Auch Zwillinge. Wie aber kann man ihnen das (richtige) Sprechen beibringen? Wie kann man Sprache positiv vermitteln und nicht zu viel Stress aufbauen?

Bärbel Kochs Buch richtet sich nicht speziell an Zwillinge oder Drillinge und doch sind hier zahlreiche Ansätze enthalten, die Eltern aufzeigen, wie Sprache erlernt werden kann.

Die Logopädin mit über 25 Jahren Berufspraxis hat auf 120 Seiten übersichtlich dargestellt, woran es hapern kann und wie Eltern es besser machen können.

Bärbel Koch, „Korrigier mich nicht. Sprechen lerne ich von selber", Verlag Bärbel Koch, ISBN 978-3-7450-5957-1, 12,80 Euro.

wir merken, dass etwas nicht zum Ziel führt, lernen wir, wie es nicht geht. Unser Fehler ist dann ein Helfer, damit wir es noch einmal anders probieren.

Kinder sind da ein großes Vorbild. Wieviel Geduld haben sie?! Unermüdlich wiederholen sie etwas, probieren es aus, bis sie das erreichen, was sie wollen. Manchmal geben sie auch auf, wenn sie merken, dass das gerade nicht funktioniert, auch wenn das manchmal zu Frust und Tränen führt, werden sie es doch zu einem späteren Zeitpunkt wieder versuchen.

Wir gleichen uns an unsere Vorbilder an - vollautomatisch.

Man kann also sagen, dass wir Menschen ein eingebautes vollautomatisiertes Korrigiersystem haben. Wir gleichen uns einfach immer mehr dem an, was uns vorgelebt wird.

Jetzt geschieht jedoch häufig, dass wir im Laufe unseres Lebens von Menschen zurechtgewiesen und korrigiert werden. Diese sagen uns, was wir falsch machen, was wir anders machen sollen und wie es richtig ist. In diesem Moment wird unser vorprogrammierter natürlicher Lernprozess gestört.

Was bedeutet das für das Erlernen unserer Muttersprache?

Wenn unsere Kinder zu sprechen beginnen, freuen wir uns erst einmal über jedes einzelne Wort, jede Äußerung, egal, ob die Aussprache korrekt ist oder nicht. Nach und nach kommen immer mehr Worte oder Wortkombinationen zusammen, die sich dann zu Sätzen entwickeln. Zu Beginn der Sprachentwicklung sind wir noch nicht so kritisch mit unseren Kindern. Es ist uns ganz unbewusst klar, dass sie ja noch nicht sofort alles richtig sagen können und dass sie Zeit brauchen.

Je älter unsere Kinder werden, desto mehr fallen uns dann aber doch Fehler in der Aus-

sprache und der Grammatik auf und wenn sie ein Wort von der Bedeutung her nicht korrekt verwenden.

Wo wir vorher über die Fehler hinweg geschaut haben, fangen wir jetzt an, zu korrigieren. Wir berichtigen das, was noch nicht perfekt ist.

Wir sagen zum Beispiel:

„Das heißt nicht: Ich bin gelauft, sondern ich bin gelaufen."

„Das ist keine Kuh, das ist ein Schaf."

„SCHule heißt das, nicht Sule."

Und manchmal fordern wir unsere Kinder auch auf, das Wort oder den Satz noch einmal richtig zu wiederholen.

Wir tun das, weil wir glauben:

- dass wir unseren Kindern die Sprache beibringen müssen,

- dass wir unseren Kindern zeigen müssen, was sie falsch machen und wie es richtig ist,

- dass unsere Kinder es sonst nicht lernen werden und

- weil wir Angst haben, etwas zu verpassen, wenn wir es nicht korrigieren.

Im Gegensatz zu dem direkten Korrigieren, steht das indirekte Korrigieren. Hier wird dem Kind nicht gesagt, was es falsch gemacht hat, sondern man verwendet das „falsch ausgesprochene Wort" oder den „fehlerhaften Satz" noch einmal und spricht es richtig.

Nachplappern ist unnatürlich ...

Einige Beispiele:

- **Kind:** „Ich bin im Kindergarten hingefallt."

- **Erwachsener:** „Oh, du bist im Kindergarten hingefallen."

- **Kind:** „Mama, schau mal da hinten ist eine Kuh."

- **Mutter:** „Oh ja, da hinten ist ein Schaf."

- **Kind:** „Ich komme bald in die Sule."

- **Erwachsener:** „Wirklich, du kommst bald in die Schule?"

Diese Art zu korrigieren, ist gut gemeint, aber nicht hilfreich.

Wir glauben, dass das Kind dadurch lernt, wie und was es sprechen soll und hoffen, dass es dies beim nächsten Mal richtig formuliert. Dies geschieht aber in den seltensten Fällen.

Außerdem ist diese Art, zu kommunizieren alles andere als natürlich. Es wirkt eher wie ein „Nachplappern". Die Kinder spüren trotzdem, dass sie irgendetwas nicht richtig gemacht haben und das verunsichert sie.

Ich empfehle daher, mit den Kindern so zu sprechen, wie man auch mit anderen spricht und dass man nicht auf die Fehler, sondern vor allem auf den Inhalt achtet, um darauf entsprechend zu reagieren.

Muttersprache erlernen Kinder eigentlich unbewusst und ganz ohne Zwang.

Die Kinder lernen immer das, was gerade für sie wichtig ist. Sie ziehen genau das aus unserer Sprache, was momentan in ihrem Lernprozess der nächste Schritt ist. Fehler sind hier vorprogrammiert und gehören dazu. Da wir nicht wissen, was das Kind im Augenblick lernt, bringen wir es mit unserer Korrektur nur durcheinander und setzen den Fokus eventuell auf Bereiche, die zum jetzigen Zeitpunkt für das Kind irrelevant sind.

Das Lernen der Muttersprache geschieht automatisch und unbewusst. Sobald wir ihnen, durch unsere Korrektur, den Sprechenlernprozess bewusstmachen, ist das Risiko groß, dass der natürliche Lernprozess unterbrochen wird und das Kind in seiner Sprachentwicklung „stecken" bleibt.

Überlassen wir es doch den Kindern, das Sprechen zu lernen, so wie sie ja auch das Laufen ohne unser Eingreifen erlernen. Wir können unserer Kinder aber dabei unterstützen, damit sie unsere Sprache und alle ihre Regeln entdecken und erforschen können.

Oft fragen mich Eltern bei Workshops, was sie denn tun können, wenn sie nicht korrigieren und berichtigen sollen.

Darauf gehe ich in meinem Buch eingehend ein und zeige, welche vielfältigen Möglichkeiten wir diesbezüglich haben.

Gerne können Sie mich kontaktieren, wenn Sie noch weitere Fragen haben.

- **meine mail-Adresse:**
info@logopaedie-spaichingen.de

- **meine Homepage:**
www.logopaedie-spaichingen.de

Bücher gegen Beitrag

Wir haben zahlreiche Bücher, die wir gratis an Euch abgeben, wenn Ihr uns im Gegenzug einen kleinen oder großen Beitrag über Eure Zwillinge schreibt.

Auch die beiden hier auf Seite 44 und 45 vorgestellten Bücher könnt Ihr Euch aussuchen.

Alle weiteren Bücher findet Ihr auf unserer Homepage unter

www.twins.de

Ich will nicht meines Bruders Hüter sein!

Zwillinge können so schön alles zusammen machen. Und Zwillinge können so schön aufeinander aufpassen, wenn sie alles zusammen machen. Das beruhigt Eltern. Und hat auch mich beruhigt. Aber: Wollen Zwillinge immer alles gemeinsam machen? Und schlimmer: Wollen sie auf einander aufpassen?

Kennen Sie den Gedanken auch: „Ach wie gut, dass sie zu zweit sind. Da können sie aufeinander achtgeben ..." Jahrelang war es auch für mich eine Beruhigung, dass meine Zwillingssöhne Maximilian und Constantin meistens zusammen waren. Sie besuchten verschiedene Schulklassen und hatten doch den gleichen Schulweg und meist auch einen ähnlichen Stundenplan. Sie machten den gleichen Sport (Eishockey) und konnten auch da bei Auswärtsspielen, wenn wir nicht sowieso mitfuhren, aufeinander achtgeben.

Von wegen - aufeinander aufpassen ...

Dann kam die schreckliche Pubertät, die sich bei uns vor allem darin äußerte, dass die Jungs abends in die Stadt (Landsberg) runter und mit Gleichaltrigen abhängen wollten. „Ach, wie gut, dass sie zu zweit sind ..." dachte ich und drehte mich in meinem warmen Bettchen um. Sie konnten ja aufeinander aufpassen. Dass sie das nicht wirklich taten, wusste ich ja nicht.

Zwillinge müssen ebenfalls selbständig(er) werden

Was aber mutet man einem Zwilling zu, der ständig auf den anderen aufpassen soll? Das ist mir erst jetzt klar geworden, als mir

Zwillingsmutter Katrin Tipps schickte, wie man Kinder ganz generell zu mehr Selbständigkeit erziehen könnte (siehe Seite 57) und wie man ihnen beibringt, sich in ihrer Umgebung, die ja zunächst durchaus fremd ist, allein zurecht zu finden.

Zwillinge wollen nicht immer alles gemeinsam machen.

Vor allem, wenn es einen Zwilling gibt, der unselbständiger als der andere ist oder der mehr Flausen im Kopf hat ... Dann ist dieses Aufeinander-Aufpassen-Müssen eine schwere Verantwortung, ja Last. Das möchte man dem scheinbar vernünftigeren Zwilling nicht wirklich zumuten.
Bei uns war diese Konstellation des gegenseitigen aufeinander Aufpassens in dem Moment beendet, als Constantin mit nur 16 Jahren das Elternhaus verließ, ja verlassen musste, weil er eine Kochlehre im 70 Kilometer entfernten Murnau antrat.
Den Jungs hat es sicher gut getan. Mir weniger, da ich mit ausreichend Phantasie ausgestattet bin, um mir stets das Schlimmste vorzustellen. (MvG)

Nächstes Heft ZWILLINGE DAS MAGAZIN Ausgabe 33 voraussichtlich am 25. Juli 2018

Hilf mir, es selbst zu tun

Ist es nicht besser, wenn Kinder frühzeitig lernen, sich in ihrer Umgebung allein zurecht zu finden? Zwillingsmutter Katrin hat ihren vier Kindern beigebracht, ihre Stadt - Nördlingen - zu kennen.

... der Spruch stammt von der Erzieherin Maria Montessori und hat etwas mit nachfolgenden Überlegungen zu tun.

Als meine älteste Tochter Christina noch im Kleinkindalter war, unterhielt ich mich mit einer Freundin, deren Sohn zu diesem Zeitpunkt schon 17 Jahre alt war. Sie erzählte mir, wie es sei, mit ihrem Jüngsten in die Stadt zu gehen. Sie bringe ihn zum Baldinger Tor und warte auf einem Parkplatz, bis er mit seinen Einkäufen fertig sei. Dann rufe er sie an und sie würden zum Löpsinger Tor fahren und dort würde sie sich einen Parkplatz suchen und so weiter und sofort.

Ich war entsetzt. Wie konnte ein 17jähriger dermaßen unselbständig sein und mit der „Mutti" durch die Stadt fahren? Ich dachte mir nur, der junge Mann ist doch alt genug, um sich selber aufs Rad zu schwingen oder selbstständig durch die Stadt zu fahren, um sich am Schluss wieder irgendwo miteinander zu treffen. Nördlingen ist ja keine Großstadt.

Für mein eigenes Verhalten mit meinen Kindern war dieses Gespräch sehr hilfreich. Ich wusste, so will ich es nie machen. So überlegte ich, wie können meine Kinder sich besser in unserer Stadt zurechtfinden, wie können sie selbstständig werden? Wie kann ich die Zeit besser nutzen?

Dann habe ich schrittweise mit etwas spielerischem Training angefangen:

1. Wenn wir gemeinsam in unserer Stadt unterwegs waren, habe ich meine Kinder von klein auf, darauf aufmerksam gemacht, wo ich parke und wohin ich will, zum Müller, zur Bank, zur Bäckerei, in die Stadtbibliothek ...
Und dann hat jedes Kind eine Aufgabe bekommen. Wer zeigt mir den Weg vom Auto zum Müller? Da waren sie total begeistert. Jeder konnte mal einen Weg zeigen. Wer zeigt den Weg vom Müller zur Bank? Von der Bank zur Bäckerei? Von der Bäckerei zur Stadtbibliothek? Und wer weiß jetzt noch, wie wir zum Auto zurückkommen? So haben sich die Kinder die Wege schnell eingeprägt.

2. Hin und wieder habe ich meinen Kindern die Schleichwege durch die Stadt gezeigt: Wo geht's schneller, wenn ich es eilig habe? Wo gibt's eine Abkürzung, die Sinn macht?

3. Sobald meine Kinder (zwei ältere Mädchen, die jüngeren Zwillingsjungs) etwas älter waren, habe ich Christina als Große mit einem jüngeren Kind, Malte oder Felix, also mit einem von den Zwillingen, losgeschickt. Sie bekamen Geld mit und sollten einen Botengang allein machen. Immer haben wir einen Punkt ausgemacht, wo wir uns wieder treffen. Da hatte ich als Mama auch manchmal ein mulmiges Gefühl, doch es klappte glücklicherweise immer hervorragend.

4. Ein weiterer Schritt war, den Kindern - auch wenn sie anfangs noch nicht lesen konnten -, die Straßennamen bewusst zu machen. zum Beispiel: „Ich parke

heute in der Bräugasse und wir treffen uns nachher am Schäfflesmarkt wieder."
Nördlingen ist ja eine Stadt mit vielen alten Häusern und Sehenswürdigkeiten. In der vierten Klasse müssen alle Kinder eine Schnitzeljagd durch Nördlingen machen. Bis dahin waren unsere Kinder schon fit. Mühelos fanden Christina und Jana sich zurecht, während die anderen Schulkameraden nur hintendrein liefen.

5. Jetzt sind meine Kinder soweit, dass wir gemeinsam überlegen, was gibt es heute zu tun und jeder übernimmt eine Aufgabe davon. Rucki zucki bin ich mit meinem Einkauf fertig und jedes Kind ist selbstständig unterwegs und lernt sich durchzusetzen.
Malte war vor kurzem beim Metzger und ein Mann hatte sich vorgedrängelt. Malte war erst überrascht, doch dann sagte er laut und deutlich: „Ich war zuerst dran!" Die Verkäuferin erzählte mir ein paar Tage später die Begebenheit und sie fand, er habe es gut gemacht. Das hat mich ebenfalls gefreut, zeigt es doch, dass sich Malte - ebenso wie meine anderen Kinder - schon allein in der Stadt behaupten kann.

Wenn Ihr nicht gerade in einer Großstadt lebt, dann probiert es einfach aus. Ich bin mir sicher, dass auch Ihr und Eure Kinder davon profitieren werdet. Auf jeden Fall werdet Ihr keine gelangweilten Kinder haben, die in der Stadt lustlos hinter Euch her trotten. Und wenn tatsächlich mal einer „verloren" geht, wird er oder sie genügend Selbstbewusstsein haben und sich trauen, andere Passanten um Hilfe zu bitten.

Lieben Gruß von Felix, Malte, Jana, Christina und Katrin

Frühchenverein feiert 25jähriges Jubiläum

Für meine Zwillinge und mich kam die Gründung des Frühchenvereins leider zu spät. Das hätte ich mir gewünscht: eine Anlaufstelle, wo ich Fragen und Sorgen loswerden könnte. Jetzt feiert der Bundesverband „Das frühgeborene Kind e.V." 25jähriges Jubiläum.

Zwillinge (und mehr noch Drillinge) werden häufig zu früh geboren. Das musste auch ich schmerzlich erfahren, als meine eigenen Zwillinge Maximilian und Constantin heute vor 34 Jahren sieben Wochen zu früh geboren wurden. Da steht man da da ... hat Angst um die Babys und keinen Ansprechpartner für all die Besonderheiten, die mit einer zu frühen Geburt einher gehen können.

Bei uns ist alles gut gegangen. Nachdem Constantin nicht mehr beatmet werden musste und auch Maximilian keine Antibiotika mehr brauchte, konnten wir die beiden nach Hause nehmen ... doch die Unsicherheit begleitete uns eine ganz Weile.

Als die beiden in die Schule kamen, flammten neue Probleme auf: Max war mit sechseinhalb Jahren nicht schulreif und bei Constantin wurde eine sogenannte Teilleistungstörung diagnostiziert - er tat sich mit der Rechtschreibung schwer.

Auch für diese Fälle hat der Frühchenverein Hilfen parat - ein Buch, das immer noch meine Bibel ist, wenn es um Spätschäden und schulische Probleme geht.

Doch der Verein ist weit mehr als eine Anlaufstelle für unsichere Eltern. Er wirkt auch direkt auf die Kliniken ein, auf Nachsorgeprojekte und auch auf die politische Seite der Frühchenszene. Er tut wirklich etwas für die Betroffenen - vor allem für die Kinder und für deren Eltern natürlich auch.

Deshalb lasst uns dem Frühchenverein Danke sagen und Glück wünschen für die Zukunft! Alles Gute und weiter so!

Nordsee-
Ferien
- für die
ganze
Familie

Die besten Nordsee-Tipps für Familien

Es ist ganz komisch: die meisten Zwillingsfamilien, die im Süden leben, zieht es nach Österreich oder Italien oder in andere südliche Gefilde, die Zwillings- und Drillingsfamilien, die jenseits des sogenannten „Weißwurstäquators" leben, trauen sich, im Norden Ferien zu machen. Und dazu geben wir Ihnen hier die besten Tipps von Experten weiter.

Die Nordseeküste Schleswig-Holstein präsentiert sich Urlaubern in diesem Jahr besonders erlebnisreich - und familienfreundlich. Die Vielfalt an Angeboten von Ausflugsfahrten, Kinderveranstaltungen, Wattführungen, Erlebnisbädern, Seehundstationen, Tierparks und Aquarien ist beeindruckend. Einen ersten Überblick finden Familien auf

**www.nordseetourismus.de/
familienurlaub**

Helgoland - ein Feriendorf auf Hoher See

Knapp einen Kilometer östlich der Helgoländer Hauptinsel liegt die bei Familien und Naturfreunden sehr beliebte Insel Düne. Die flache Sandinsel ist ein Tummelplatz für Meeresvögel, Kegelrobben und Seehunde. Auf der Helgoländer Düne, einem einzigartigen Naturparadies, gibt es 43 fröhlich-bunte Ferienhäuser (siehe Foto auf Seite 60) in verschiedenen Größen zum Mieten. Attraktive Sparangebote sind in der Vor- und Nachsaison buchbar. Unvergessliche Beobachtungen in der Natur, kombiniert mit inspirierender Ruhe, reiner Luft und einem auffallend klaren Meer warten auf

wahre Entschleuniger. Mehr Info unter:

www.helgoland.de

Husum - Familienspaß im Fun Center

Der moderne Indoor-Spielpark eignet sich vor allem für Kinder im Alter von 2 bis 14 Jahren und begeistert unter anderem mit atemberaubenden Rutschen, einem bunten Bällebad, einem Soccerfeld und einem speziellen Kleinkindbereich. Animateure und Erzieher sorgen für eine qualifizierte Kinderbetreuung. Für Familien nicht unwichtig: Eigene Kalt-Speisen und Kalt-Getränke dürfen mitgebracht und verzehrt werden.
Neu ab 2018: Indoor-Hochseilgarten mit 16 Stationen in 5 Metern Höhe und Schwarzlicht-Adventure-Golfbahnmit 18 Loch und cooler Schwarzlichtkunst. Zudem wurde der Lasertag-Bereich ausgebaut und beeindruckt nun mit einem 600 Quadratmeter großen Schwarzlichtlabyrinth. Mehr Info unter:

www.funcenter-husum.de

Sylt - Sylter Familienwochen

Das kann ja heiter werden. Käpt'n Blaubär und sein Leichtmatrose Hein Blöd kommen nach Sylt und haben jede Menge Seemannsgarn im Gepäck. Im Rahmen der „Familienwochen Sylt" vom 28. März bis 7. April laden die beiden sogar zu einem Törn zu den Seehundsbänken ein. Rund 60 Veranstaltungen versprechen jede Menge Spaß für kleine und große Landratten. Wieder mit an Bord sind die Sylter Spitzenköche Johannes King und Dietmar Priewe mit ihren Kochkursen sowie KIKA-Moderator André Gatzke, der mit Käpt'n Blaubär und Hein Blöd den Alten Kursaal in Westerland zum Kochen bringen wird. Neu im Programm ist unter anderem die Tour mit den Muschelfischern, die Eisschule mit Jens Lund oder das Family-Zumba. Wem das alles nicht stürmisch genug ist: Im Herbst findet die dritte Ausgabe der „Familienwochen Sylt" statt. Mehr Info unter:

www.sylt.de/familienwochen

Insel Amrum- naturnahe Familienausflüge

Da die Kegelrobben auf den Stränden ihre Jungen zur Welt bringen, ist ab November jeder Familien-Spaziergang auf Amrum ein spannendes Abenteuer. Und sollte der Wind zu sehr pusten, kann man sich im Naturzentrum die Tiere und Pflanzen der Insel genauso gut im Warmen angucken. Und dazu Geschichten über die berühmten Amrumer Seefahrer und Walfänger hören. Inselweit sind den Kindern in den ruhigen Monaten bis Ostern täglich zwei Veranstaltungen gewidmet: zum Spielen, Basteln und Traumstunde-Geschichtenerzählen. Am

Wochenende ist entweder Kino oder Toben im Abenteuerland. Das Meerwasser-Wellenbad samt Sauna hat an fünf Tagen die Woche ab mittags geöffnet. Zwei weitere Draußen-Highlights für die ganze Familie sind Amrums Leuchtturm – der immer mittwochs öffnet, solange keine „Wegweh"-Gefahr besteht – und die Dammhirsche in der Vogelkoje, die an dem malerischen Ort auch winters ein gutes Inselleben haben. Überhaupt sind Familien außerhalb der Reisestoßzeiten auf Amrum sehr nah mit der Natur – ob im Watt, beim Pferde- und Schafezählen oder auf Vogelkiek: der Öömrang Ferian und die Schutzstation Wattenmeer bieten jeden Tag Vorträge oder Wanderungen an, und die jugendlichen Freiwilligendienstler haben Zeit und Muße für alle großen und kleinen Fragen. Eine Mischung aus Hotel und Ferienwohnung, und in Ausstattung und Mahlzeiten ganz auf Familien (auch mit Hund) eingestellt, ist das letj bris in Norddorf, wo es – wenn auf der Insel noch nicht alle Restaurants geöffnet haben – ein abwechslungsreiches Menü gibt. Mehr Info unter

www.letj-briis.de und

www.amrum.de

Pellworm – Familienveranstaltungen und Ausflugsfahrten

Pellworm ist eine sehr familien- und kinderfreundliche Insel. Mit der MS „NORD-FRIESLAND", einem Schiff der Neuen Pellwormer Dampfschiffahrts GmbH (NPDG), werden beispielsweise Fahrten zu den Seehundbänken mit Seetierfang angeboten. „Es ist ein tolles Naturerlebnis für die ganze Familie, die Seehunde in ihrer natürlichen Umgebung zu erleben", sagt Sabine Schütz von der NPDG.

„Denn die beliebten Bewohner des Wattenmeeres sind sehr scheu und man bekommt sie nur selten so zu sehen." Zudem führt die NPDG zwei- bis dreimal im Sommer die beliebten Piratenfahrten durch, bei denen Kids zwischen 4 und 11 Jahren mitmachen können.

Die übers ganze Jahr verteilten zahlreichen Veranstaltungen auf Pellworm sind sowohl bei Einheimischen und als auch bei den Gästen der Insel sehr beliebt. „Die Veranstaltungssaison startet im Februar mit den Biiketagen, wobei das große Biikebrennen am 21. Februar das Highlight ist", erklärt Nicole Peters vom Kur- und Tourismusservice Pellworm. „Kinder lieben es, mit einer eigenen Fackel das große Feuer mitzuentzünden."

Bereits Ende März gibt es das nächste Spektakel. Dann können die Kids nämlich wieder auf die Suche nach 10.000 Ostereiern gehen, die im Stroh versteckt sind. Ein tolles Ziel für Familienausflüge sind auch das Ringreiten, der Bootskorso, das Hafenfest oder das Herbstvergnügen. Bei all diesen Veranstaltungen ist dafür gesorgt, dass die Lüdden sowohl etwas zum Staunen und Schauen, als auch etwas zum Mitmachen und Spielen haben – ob es die wilden Reiter oder die herrlich geschmückten Boote sind, das Ponyreiten, Kinderschminken oder das Toben in der Hüpfburg. Mehr Info unter:

www.pellworm.de

St. Peter-Ording - wo Urlaubsglück ein Kinderspiel ist

Wer mit seiner Familie nach St. Peter-Ording kommt, denkt zunächst an Vergnügen und Spaß am breiten Strand. Doch die Attraktionen für Groß und Klein sind damit bei Weitem nicht erschöpft. Hin-

Bella Italia - Gianni lädt an die Adria ein

Italien ist mit Kindern immer eine Reise wert. Und auch die Adria können wir nur empfehlen. Lange, gepflegte Sandstrände und im Hinterland auch manche italienische Kleinstadt, die man besuchen kann, wenn das Wetter mal nicht so gut ist.

Das Hotel Acquamarina freut sich auch in diesem Sommer auf Gäste aus Deutschland. Hotelier Gianni spricht sehr gut Deutsch und freut sich immer wieder über Zwillingseltern, die bei ihm Urlaub machen. Wer ein bezahlbares Reiseziel mit Zwillingen sucht, kann hier günstig an der Adria Urlaub machen. Es gibt auch in diesem Jahr schöne Rabatte für Familien mit Kindern.

Mehr Information hier: Hotel Acquamarina, Via Virgilio 106, I-47814 Bellaria - Igea Marina, Telefon 0039-0541-331882, E-mail: info@hotel-acquamarina.it, **www.hotel-acquamarina.it**

ter dem Deich lädt das Nestlé Schöller Kinderspielhaus zu täglich wechselnden Veranstaltungen ein und die DÜNEN-THERME mit ihrem spannenden Freizeit- und Erlebnisbad sorgt unter anderem mit drei spektakulären Rutschen für Nervenkitzel.

Nebenan, im Nationalpark-Haus, lassen sich Hintergründe zu Wattenmeer, Salzwiesen und Strand detailliert erforschen und im Westküstenpark ist die Tierwelt zu entdecken. Nicht zuletzt bietet das vielseitige Familienprogramm der Tourismus-Zentrale zahlreiche Veranstaltungen im ganzen Ort. Keine Frage: St. Peter-Ording ist vor und hinter dem Deich das ganze Jahr ein aufregender Spielplatz. Mehr Info unter:

www.st-peter-ording.de

Föhr - Kinder-Uni und Piratentage

Die Insel Föhr ist eines der kinderfreundlichsten Urlaubsziele im Norden. Im Meer plantschen, am Strand Burgen bauen, dem Bauern beim Kühe melken helfen oder bei der Kinder-Uni neues Wissen sammeln: Auf Föhr können die kleinen Gäste immer und zu jeder Jahreszeit aufregende Abenteuer erleben.

Der kilometerlange weiße Sandstrand lädt zum Spielen und Herumtoben ein, das Wasser fällt flach ab und es gibt keine gefährliche Brandung. Im grünen Inselinneren locken zahlreiche Bauernhöfe zu einem Besuch, denn auf Föhr wird noch richtig Landwirtschaft betrieben. Die Kids lieben es einfach, beim Kühemelken zuzuschauen oder zu sehen, wie echter Föhrer Ziegenkäse hergestellt wird. Das ist nicht nur Urlaub – das schmeckt auch danach.

Für spannende Abwechslung sorgen die vielen (Kinder-)Veranstaltungen auf Föhr wie die Kinder-Uni vom 27.06.-5.9.2018 oder Piratentage am Hafenstrand. Unterhaltung, sportliche Aktivitäten sowie Entdeckertouren auf oder am Wasser – das Angebot ist vielfältig und für jede Altersgruppe etwas dabei. Genauso muss Familienurlaub an der Nordsee sein! Weitere Info unter:

www.foehr.de/familienurlaub

Weitere Ideen für einen erlebnisreichen Urlaub an Nordsee Schleswig-Holstein finden sich im kostenlosen nordsee Urlaubsplaner mit praktischer und herausnehmbarer Freizeitkarte. Der nordsee Urlaubsplaner ist über die Internetseite www.nordsee-tourismus.de oder telefonisch unter der Tel: 04841-89750 bestellbar.

Trunki heißen die tollen Kinderkoffer - mehr dazu im nächsten Heft.

455 Euro für die Frühchen-nachsorge Harl.e.kin

Der traditionelle Zwillingsbasar in Bad Staffelstein hilft nicht nur Zwillings-und Drillingseltern, Sachen zu verkaufen und günstig zu erwerben. Die Einnahmen aus Tischmiete und Kaffee und Kuchen gehen an die Frühchen-nachsorge-Initiative Harl.e.kin in Bamberg.

Beim letzten Mal hat der Zwillingsbasar stolze 455 Euro „erwirtschaftet" und da viele Zwillingseltern selbst auch Frühchenel-tern sind, freuen sie sich besonders, etwas „zurück-geben" zu können.
Die derzeitige Organisato-rin Silke hat uns den neu-en Termin für den Herbst 2018 migeteilt.

Hier der nächste Termin für den traditionellen Zwillingsbasar:

Unser traditionelle Zwil-lingsbasar findet am Sams-tag, dem 22. September 2018 von 13.00 bis 15.00 Uhr in 96231 Bad Staffelstein in der Peter-J.-Moll-Halle, Georg-Herpich-Platz 3 auf zwei Ebenen statt.
Verkauft werden wie immer Baby- und Kinderkleidung, Kinderschuhe, Fahr- bzw. Laufräder, Spielsachen, Bücher, Zwillingswägen/-buggys, Hochstühle und vieles mehr ...
Diesmal findet kein früherer Einlass für Schwangere statt. Für das leibliche Wohl zu familienfreundlichen Preisen ist gesorgt!
Tischreservierung und Infos ab 1. August 2018 unter: zwillingsbasar-ste@gmx.de
Der Erlös wird an Harl.e.kin Nachsorge in Bamberg gespendet. (Hinweis: Dieser steht in keiner Verbindung mit der Ausrichtung des Basars!)

Wir freuen uns auf das Kommen von werdenden Eltern & Zwillings-Eltern.

... ZWILLINGE - *das Magazin*

Folgende Ausgaben unserer neuen Zeitschrift sind jederzeit & immer zu haben unter www.twins.de und auf allen gängigen Internet-Buchbestell-Portalen. Als Buch für 9,90 €, als E-Book für nur 7,99 € (nur bis Ausgabe 17). Von Ausgabe 01 bis inklusive Ausgabe 20 wurde das Magazin unter dem Titel: „Das neue ZWILLINGE Magazin" veröffentlicht. Danach haben wir die Zeitschrift umbenannt, damit sie im Internet besser gefunden wird.

- Das neue ZWILLINGE Magazin - Ausgabe 01: ISBN 978-3-927058-22-4 (print 9,90 €)
- Das neue ZWILLINGE Magazin - Ausgabe 02: ISBN 978-3-927058-25-5 (print 9,90 €)
- Das neue ZWILLINGE Magazin - Ausgabe 03: ausverkauft
- Das neue ZWILLINGE Magazin - Ausgabe 04: ausverkauft
- Das neue ZWILLINGE Magazin - Ausgabe 05: ISBN 978-3-927058-36-1 (print 9,90 €)
- Das neue ZWILLINGE Magazin - Ausgabe 06: ISBN 978-3-927058-53-8 (print 9,90 €)
- Das neue ZWILLINGE Magazin - Ausgabe 07: ISBN 978-3-927058-60-6 (print 9,90 €)
- Das neue ZWILLINGE Magazin - Ausgabe 08: ISBN 978-3-927058-65-1 (print 9,90 €)
- Das neue ZWILLINGE Magazin - Ausgabe 09: ISBN 978-3-927058-67-5 (print 9,90 €)
- Das neue ZWILLINGE Magazin - Ausgabe 10: ISBN 978-3-927058-73-6 (print 9,90 €)
- Das neue ZWILLINGE Magazin - Ausgabe 11: ISBN 978-3-927058-79-8 (print 9,90 €)
- Das neue ZWILLINGE Magazin - Ausgabe 12: ausverkauft
- Das neue ZWILLINGE Magazin - Ausgabe 13: ISBN 978-3-927058-84-2 (print 9,90 €)
- Das neue ZWILLINGE Magazin - Ausgabe 14: ISBN 978-3-927058-90-4 (print 9,90 €)
- Das neue ZWILLINGE Magazin - Ausgabe 15: ISBN 978-3-927058-93-4 (print 9,90 €)
- Das neue ZWILLINGE Magazin - Ausgabe 16: ISBN 978-3-927058-95-8 (print 9,90 €)
- Das neue ZWILLINGE Magazin - Ausgabe 17: ISBN 978-3-927058-97-2 (print 9,90 €)
- Das neue ZWILLINGE Magazin - Nr. 18: ISBN 978-3-927058-99-6 (nur print - 7,99 €)
- Das neue ZWILLINGE Magazin - Nr. 19: ISBN 978-3-927058-39-2 (nur print - 7,99 €)
- Das neue ZWILLINGE Magazin - Nr. 20: ISBN 978-3-927058-43-9 (nur print - 7,99 €)
- ZWILLINGE - DAS MAGAZIN - Nr. 21: ISBN 978-3-927058-46-0 (nur print - 7,99 €)
- ZWILLINGE - DAS MAGAZIN - Nr. 22: ISBN 978-3-743141-65-0 (nur print - 7,99 €)
- ZWILLINGE - DAS MAGAZIN - Nr. 23 nicht erschienen
- ZWILLINGE - DAS MAGAZIN - Nr. 24 ISBN 978-3-7431-6633-2 (print 7,99 €)
- ZWILLINGE - DAS MAGAZIN - Nr. 25 ISBN 978-3-7431-7302-6 (print - 7,99 €)
- ZWILLINGE - DAS MAGAZIN - Nr. 26 ISBN 978-3-7448-1375-4 (print - 7,99 €)
- ZWILLINGE - DAS MAGAZIN - Nr. 27 ISBN 978-3-7448-6986-7 (print - 7,99 €)
- ZWILLINGE - DAS MAGAZIN - Nr. 28 ISBN 978-3-7448-9922-2 (print - 7,99 €)
- ZWILLINGE - DAS MAGAZIN - Nr. 29 ISBN 978-3-7460-1535-4 (print - 7,99 €)
- ZWILLINGE - DAS MAGAZIN - Nr. 30, ISBN 978-3-7460-6536-6 (Print - 7,99 €)
- ZWILLINGE - DAS MAGAZIN - Nr. 31, ISBN 978-3-7460-7517-4 (Print - 7,99 €)

**Jedes Magazin (Buch) im Internet oder über www.twins.de
Ausgaben 01 - 17 und ab Ausgabe 24 auch wieder als E-Book auf
Amazon & anderen Portalen für 5,99 €.**

**Nächste Ausgabe: ZWILLINGE - DAS MAGAZIN -
Ausgabe 33 = Juli/August 2018 voraussichtlich ab 25. Juli 2018*)**

*) da das Heft bei Books on Demand produziert wird, können wir keinen definitiven Termin für das Erscheinen angeben, da wir auf die Produktionszeiten von BoD keinerlei Einfluss haben.

1-er, 2-er, 3-er Vehikel und mehr
MOBIL mit Kindern

www.zwillingsburg.de

Zwillingswickelauflage

Zwillingswiege

**Unsere
Zwillingsausstattung?
Na klar von
www.zwillingsburg.de!**

- **Der** Spezialist für Mehrlingsartikel
- 10 % Zwillingsrabatt auf viele Artikel
- Lieferung auf Abruf: Wir lagern gerne Ihre Bestellungen bis zur Geburt

Gerne beraten wir Sie rund um das Thema Mehrlinge!
Annette Wulf · Tel. 08 41 – 15 96 736 · info@zwillingsburg.de · www.zwillingsburg.de

**SCHÖNE MODE UND GESCHENKE
FÜR ZWILLINGE,
MÄDCHEN UND JUNGEN!**

Lieb Zwei
DIE EINZIGARTIG SIND

www.liebzwei.de

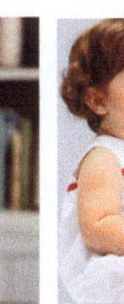

Deutschland-T-Shirt oder Deutschlandwindel?

... Geschmacksache. Für den, der darauf steht (wohl eher sitzt), gibt's jetzt aktuell Windeln in den Deutschlandfarben. Deutscher Fußball quasi für'n A ... 😊😊

Gott sei Dank gibt's auch Windeln in den französischen und spanischen Landesfarben.

Hersteller der Windel für fußballnarrische Eltern ist Lillydo. Wie immer sind diese Windeln frei von Parfümen und Lotionen, extra weich und mit idealer Passform. Selbst bei einer Spielverlängerung halten sie rundum dicht. Aber aufgepasst: Die Fanedition ist streng limitiert!